AF525284
www.entdecke.de

Entdecke
die Bienen
Andrea Möller, Nadine Pasch & Johanna Kranz

Alle drei Autorinnen lehren und forschen im Umweltbildungsprojekt „Bee.Ed", das Bienen als Botschafter für eine nachhaltige Umweltbildung einsetzt. „Bee.Ed" steht als Abkürzung für „Be(e) educated", was so viel bedeutet wie „sei gebildet durch die Biene". Bee.Ed weckt über die Begegnung mit Bienen Interesse für die Natur, macht auf die globale Bedrohung von Honig- und Wildbienen aufmerksam und möchte für Artenvielfalt und Naturschutz begeistern und anstiften. Bee.Ed wurde bereits mehrfach ausgezeichnet. www.bee-ed.org

2. Auflage 2022

ISBN: 978-3-86659-474-6

An der Kleimannbrücke 39/41
48157 Münster
Tel.: 0251-13339-0, Fax: 0251-13339-33
E-Mail: verlag@ms-verlag.de
Home: www.ms-verlag.de
Geschäftsführung: Matthias Schmidt
Layout: Isabell Büchter
Lektorat u. Bildredaktion: Kriton Kunz
Druck: Drusala, Frýdek-Místek

Für Aja, Karli, Niklas, Lioba und Linnéa und alle anderen, die unsere Neugier und Begeisterung für Bienen teilten und teilen

Titelbild: TippaPatt/shutterstock
Rückseite: HeatherJane/shutterstock
Vorsatz: Solvin Zankl/mauritius images

mauritius images:
S.1: Blickwinkel/Alamy
S.2/3: Solvin Zankl
S.4 oben: Minden Pictures/Piotr Naskrecki
S.7 unten links: Blickwinkel/Alamy
A.7 Mitte links: nature picture library/Alex Hyde
S.7 Mitte Mitte: nature picture library/Clay Bolt
S.7 M. rechts: The Natural History Museum/Alamy
S.8 unten: Blickwinkel/Alamy
S.12 Mitte: Science Source/Scott Camazine
S.12 unten: Lillian Tveit/Alamy
S.13 unten: David South/Alamy
S.16 Mitte (2x): Chris Robbins/Alamy
S.22/23: Blickwinkel/Alamy
S.22 oben: Pitopia/jochen
S.24/25: Solvin Zankl
S.25 oben: Horst Sollinger/imageBROKER
S.27 unten links: Jay Bray/Alamy
S.29 o. links: Dr. Wilfried Bahnmüller/imageBROKER
S.29 oben rechts: Ingo Schulz/imageBROKER
S.31 unten: nature picture library/Andy Sands
S.33 unten: Carola Vahldiek/imageBROKER
S.34 oben: Westend61/Giorgio Magini
S.36: Solvin Zankl
S.37 Mitte: Scott Camazine/Alamy
Ss.42 oben: PRISMA ARCHIVO/Alamy
S.43 unten: CPA Media Pte Ltd/Alamy
S.47 Mitte: Jutta Ulmer
S.47 unten rechts: Zoonar GmbH/Alamy
S.50/51: Matthew Watson/Alamy
S.51 oben: Hans Bleh
S.55 Mitte: Minden Pictures/Mark Moffett

shutterstock:
S.4 unten: Daniel Prudek
S.5: Mirko Graul
S.6: Ant Cooper
S.7 oben: Johannes Dag Mayer
S.8 oben: luismiguelјj
S.8 Mitte: Kuttelvaserova Stuchelova
S.9 oben: Daniel Prudek
S.9 Mitte: Achkin
S.9 unten: Huw Penson
S.10 o: RHJPhtotoandilustration
S.11 unten: Daniel Prudek
S.12 oben: Mirko Graul
S.13 oben: R K Hill
S.14 o: Kuttelvaserova Stuchelova
S.15 oben: paisalphoto
S.15 unten: kosolovskyy
S.16 o: Kuttelvaserova Stuchelova
S.17 oben: Bela Komanec
S.18 oben: StockMediaSeller
S.18 unten: Photografiero
S.19: Olga Pinegina
S.19 oben: Susan McKenzie
Ss.20/21: Aleksandr Rybalko
S.20 oben links: Jay Ondreicka
S.20 oben rechts: slowmotiongli
S.21 oben links: bamgraphy
S.21 oben rechts: Vova Shevchuk
S.22 Mitte: Mirek Kijewski
S.23 oben: Martin Kudrjavcev
S.24 oben: FPWing
S.24 Mitte: Viesinsh
S.27 oben: ratharath nimhattha
S.27 u. rechts: Cornel Constantin
S.28: kesipun
S.29 unten links: Richard Winston
S.29 unten rechts: Danita Delimont
S.30 oben: eumates
S.30 unten: MakroBetz
S.31 oben: vallefrias
S.31 Mitte: JPR03
S.32/33: AjayTvm
S.33 Mitte: Timelynx
S.34/35: BigBlueStudio
S.35 unten: unpict
S.37 oben: Nagy Lehel
S.39 o. links: Dushkapampushka
S.39 oben rechts: Olivier Le Moal
S.39 unten: Olivier Le Moal
S.40: symbiot
S.42/43: C_Atta
S.44/45: Kingcraft
S.44 oben: Olha Tytska
S.45 oben: Try_my_best
S.46/47 oben: Tama2u
S.46 unten: Dionisvera
S.48 oben: Thaninee Chuensomchit
S.48 Mitte: tony4urban
S.48 links: Lestertair
S.48 unten: hsfoto
S.49 oben: kosolovskyy
S.49 Mitte: Eskymaks
S.49 unten: D_M
S.51 u.: muhamad mizan bin ngateni
S.52 oben: vyudin
S.52 Mitte: Joerg Beuge
S.53 unten: Chantarat
S.54 unten: okay_i_guess
S.55 unten: ermess
S.56 oben: Cora Mueller
S.56 unten: Juergen Bauer Pictures
S.57: oksana2010
S.58: thatmacroguy
S.60/61 unten: yanikap
S.61 oben links: Corinna Huter
S.62 unten: Przemek Iciak
S.63: Butterfly Hunter
S.64: manfredxy

Sonstige:
S.7 unten Mitte und rechts: Johannes Petrischak
S.14 unten: Jürgen Tautz
S.15 Mitte: Daniela Schmidt www.biogartenhonig.at
S.17 Mitte: Randolph Menzel
S.17 unten: Jonas Koch
S.23 Mitte: Andrea Möller
S.25 Mitte: Ilse Wenzel
S.26: Andrea Möller
S.32 unten: Daniel Knop
S.37 unten: Werner Gnatzy
S.38 oben: Daniel Knop
S.38 unten: Werner Gnatzy
S.42 Mitte: Schirach, A.G. and Vogel, J.G. (1774): Adam Gottlob Schirachs Wald-Bienenzucht (...). – Breßlau, Korn.
S.47 unten links: Urs Wyss, Entofilm
S.50 (2x): Kriton Kunz
S.53 oben: Chad Ragland
S.59 oben: Daniel Lindner
S.59 Mitte links: Annette Philipps
S.59 unten (2x): Daniel Lindner
S.60 oben (2x): Andrea Möller
S.61 oben rechts: Andrea Möller

Inhaltsverzeichnis

Willkommen in der Welt der Bienen!

Parfümsammler

Männchen solcher Prachtbienen aus Mittelamerika sammeln Duftstoffe an Blüten von Orchideen und anderer Pflanzen, aber auch verrottendem Holz, gärenden Früchten, in der Laubstreu und selbst aus Kot. Dazu bringen sie ein Öltröpfchen auf der Oberfläche auf. Darin lösen sich die Duftstoffe. Mit Haarbürsten an den Vorderfüßen wird das Duftöl nun aufgenommen und über das Mittelbein in den verdickten Teil des Hinterbeins gebracht. Im Schwebflug kann das Männchen dieses „Parfüm" versprühen, um Weibchen anzulocken.

Wenn von Bienen die Rede ist, dann denkst Du sicher als Erstes an die Honigbiene. Sie ist den meisten Menschen als fleißige Honigproduzentin bekannt. Als Buch oder Film über die schlaue „Biene Maja" ist oder war sie vielleicht ja auch in Deinem Kinderzimmer heimisch. Oder Du hast schon einmal schmerzhafte Erfahrung mit ihrem Stachel gemacht. Vielleicht hast Du sie aber auch bereits an einer Blüte beobachtet und weißt, dass sie diese als Gegenleistung für süßen Nektar bestäubt.

Mit diesem Band der „Entdecke"-Reihe möchten die clevere Eule Xabi und wir Dich in die spannende Welt der Bienen einführen und Dir zeigen, wie Bienen leben und was sie leisten. Dabei wird es sich nicht nur um die Honigbiene drehen, sondern auch um die vielen anderen Bienenarten, die es noch auf der Welt gibt: die Wildbienen.

Außerdem möchten wir Dir in diesem Buch vermitteln, wie wichtig Honig- und Wildbienen für die Natur und für uns Menschen sind und wie Du ihnen helfen kannst.

Wir wünschen Dir viel Spaß beim Entdecken und Staunen!

Besonders als Blütenbestäuber sind Wild- und Honigbienen für uns unersetzlich

Bienen zu beobachten, ist faszinierend!

Typisch Biene

So alt!

Im Jahr 2006 gelang ein Sensationsfund: In Bernstein, also uraltem, versteinertem Baumharz, war eine etwa 100 Millionen Jahre alte Biene eingeschlossen! Sie lebte in der Kreidezeit, in der auch Dinosaurier wie der *Tyrannosaurus rex* die Erde bevölkerten. Besonders spannend: Die „Urbiene" besaß Körpermerkmale sowohl von fleischfressenden Wespen als auch von pollensammelnden Bienen. Daraus lässt sich schließen: Die Vorfahren unserer heutigen Bienen waren vermutlich Wespen.

Unter dem Begriff „Honigbiene" fassen wir neun Bienenarten zusammen, die Honig produzieren. Aber nur zwei davon werden in der Imkerei genutzt, also in der gezielten Bienenhaltung: die Westliche Honigbiene und die Östliche Honigbiene. In Europa ist lediglich die Westliche Honigbiene zu Hause. Ursprünglich lebte sie in Europa, Afrika und Vorderasien, aber durch den Menschen wurde sie auf der ganzen Welt verbreitet.

Doch außer den Honigbienen gibt es noch viele andere Bienenarten: Weltweit sind aktuell etwa 20 500 bekannt! Alle außer der Honigbiene werden vom Menschen als „Wildbienen" bezeichnet. Sie produzieren keinen oder kaum Honig und werden darum nicht als „Haustiere" gehalten. Als Bestäuber von Blüten sind sie aber genauso wichtig wie die Honigbienen.

Und eines haben alle Bienen gemeinsam: Sie ernähren sich rein vegetarisch. Ihre wichtigsten Nahrungsquellen sind Nektar als Zuckerlieferant und Pollen als Eiweißquelle.

Auch Hummeln sind Wildbienen

Langhornbienen verdanken ihren Namen den langen Fühlern

Stachellose Bienen wie hier in Borneo in Asien leben als Volk. Sie bauen kunstvolle Nesteingänge.

Riesen und Zwerge

Die größte bisher gefundene Bienenart stammt aus Indonesien in Asien, ist fast vier Zentimeter groß, also etwas so lang wie ein Streichholz, und heißt *Megachile pluto*. Sie ist extrem selten! Die kleinste Biene, mit Namen *Perdita minima*, misst nur zwei Millimeter und ist damit kleiner als ein Stecknadelkopf. Sie lebt in den Wüsten im Südwesten der USA. Im Größenvergleich zu beiden siehst Du eine Honigbiene.

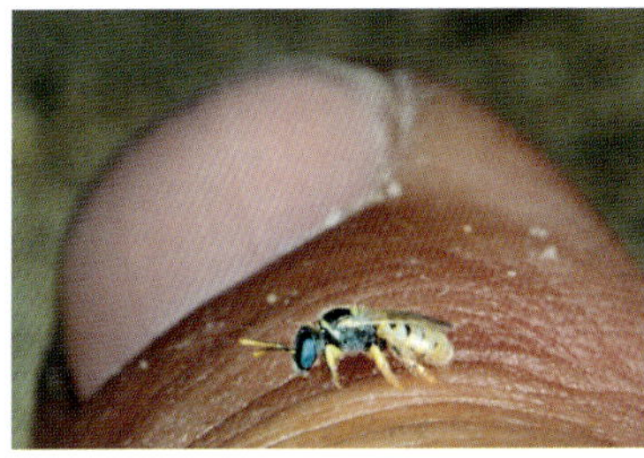

Manche Wildbienen sind winzig. Hier siehst Du eine Steppenbiene.

Eine Mohn-Mauerbiene beißt Stücke von Mohnblüten ab, ...

... um damit ihre Niströhre auszukleiden

Die nächsten Verwandten

Wespen bauen ihre Nester nicht aus Wachs wie Bienen, sondern aus einer Art Papier aus zerkauten Pflanzen und Holz. Und schau mal genau hin: Auch ihre Waben sind sechseckig!

Häufig werden Bienen mit Wespen verwechselt. Tatsächlich sind die beiden eng miteinander verwandt. Während sich aber Bienen nur von Pollen und Nektar ernähren, fressen Wespen auch Fleisch und süße Früchte. Kein Wunder also, dass sie Dich am Frühstückstisch oder beim Essen im Freien besuchen!

Sehr weit verbreitet in Deutschland sind die Gemeine Wespe und die Deutsche Wespe. Die Gemeine Wespe heißt übrigens nicht so, weil sie sticht, sondern „gemein" bedeutet hier „häufig".

Diese beiden Wespenarten leben wie die Honigbiene in Staaten von mehreren tausend Tieren. Wie bei den Honigbienen hat jede Wespe ihre speziellen Aufgaben, ist also entweder mit Brutpflege, Nestbau oder Nahrungsbeschaffung beschäftigt. Im Gegensatz zu der Brut der Honigbiene, die mit Pollen gefüttert wird, also mit dem Eiweiß von Pflanzen, bekommen junge Wespen überwiegend Insekten zu fressen, also Eiweiß aus Fleisch. Genauso erhält übrigens auch der Nachwuchs der Hornissen fleischliches Eiweiß, denn sie gehören zur selben Familie der Wespen.

Wie bei den Bienen leben jedoch die meisten Wespenarten nicht in Staaten, sondern allein. Es sind sogenannte „Solitärwespen", abgeleitet aus dem lateinischen Wort „solus", das „allein" bedeutet.

Sind Goldwespen nicht wunderschön?

Deutsche und Gemeine Wespe

Die Deutsche und die Gemeine Wespe kannst Du leicht von der Honigbiene unterscheiden: Diese Wespen sind gelb-schwarz gestreift, während die Streifen der Bienen eher bräunlich sind. Bienen sind außerdem stark behaart, damit möglichst viel Blütenpollen an ihnen haften bleibt. Wespen dagegen haben nur wenige Haare und zudem eine sehr ausgeprägte „Wespentaille", sie sind also zwischen Brust und Hinterleib sehr dünn.

Viele Menschen mögen keine Wespen, da diese Insekten sich gerne über ungeschützte Lebensmittel hermachen und sich auch mal mit ihrem Stachel verteidigen. Dabei sterben sie nicht, denn anders als bei Honigbienen hat der Wespenstachel keine Widerhaken. Wespen sind aber wichtig für das Gleichgewicht der Natur, denn sie jagen andere Insekten, darunter auch solche, die für uns Menschen schädlich oder lästig sind. Außerdem fressen sie gestorbene Tiere und verfaulendes Obst – damit halten sie die Umwelt sauber. Du solltest zwar vorsichtig sein, wenn Du eine Wespe siehst, es gibt aber keinen Grund, sie zu nicht zu mögen.

Es wird Dich vielleicht überraschen, aber auch Ameisen sind sehr nahe mit den Bienen und Wespen verwandt. Alle drei gehören zu der Insektenordnung der Hautflügler. Sämtliche Mitglieder dieser Tierordnung besitzen zwei Flügelpaare, also insgesamt vier Flügel. Die beiden Hinterflügel sind immer wesentlich kleiner als die Vorderflügel.

Dass auch Ameisen Hautflügler sind, ist bei den flügellosen Arbeiterinnen nicht auf Anhieb zu erkennen

Dieser geflügelten Königin der Grünen Ameise sieht man die Verwandtschaft zu Bienen und Wespen schon eher an

Steckbrief der Westlichen oder Europäischen Honigbiene

Wissenschaftlicher Name:	*Apis mellifera*, (*Apis* = lateinisch für Biene, *mellifera* lateinisch für honigtragend), was also so viel wie „Honigtragende Biene“ bedeutet
Zuordnung im Tierreich:	Stamm der Gliederfüßer, Klasse der Insekten, Ordnung der Hautflügler
Lebensweise:	Bienenstaat mit drei Bienenwesen: Arbeiterin, Drohn und Königin
Größe:	Arbeiterin circa 13 Millimeter, Königin 18 Millimeter, Drohn 15 Millimeter
Gewicht:	Arbeiterin: circa 0,1 Gramm, Königin 0,2 Gramm, Drohn 0,25 Gramm. 200 Arbeiterinnen wiegen ungefähr so viel wie ein normaler Standard-Brief.
Lebenserwartung:	Arbeiterinnen: 4 bis 6 Wochen im Sommer (Sommerbienen), 5 bis 8 Monate im Winter (Winterbienen); Königin: 4 bis 5 Jahre; Drohnen: 4 bis 5 Wochen
Anzahl pro Volk:	Arbeiterin: 30 000 bis 80 000 im Sommer, 5 000 bis 10 000 im Winter; Königin: eine; Drohn: bis 2 000 im Sommer, keine im Winter
Temperatur im Nest:	immer zwischen 33 und 36 Grad Celsius, im Winter im Inneren der Wintertraube bei der Königin 20 bis 30 Grad Celsius
Fluggeschwindigkeit:	24 bis 30 Kilometer pro Stunde bei einem Verbrauch von etwa 100 Milligramm Zucker aus Honig pro Bienenflugstunde
Anzahl der Flügelschläge pro Minute:	bis zu 230
Verbreitung:	weltweit, außer in der Antarktis
Natürliche Feinde:	beispielsweise Hornisse, Wespe, Bienenwolf (ebenfalls eine Wespe), Wühlmaus, Bienenfresser (ein Vogel), Bär, Honigdachs, *Varroa*-Milbe (ein Parasit)

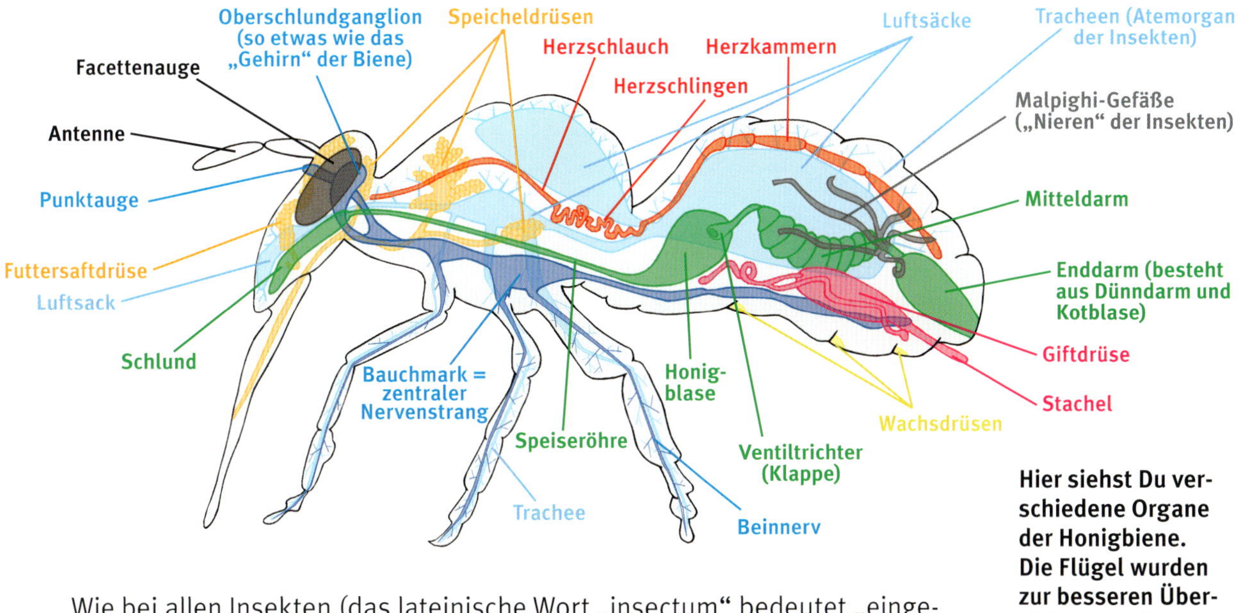

Hier siehst Du verschiedene Organe der Honigbiene. Die Flügel wurden zur besseren Übersicht weggelassen.

Wie bei allen Insekten (das lateinische Wort „insectum“ bedeutet „eingeschnitten“) ist auch der Körper der der Honigbiene zweifach eingeschnitten und dadurch in Kopf, Brust und Hinterleib unterteilt.

Am Kopf sitzen die Facettenaugen, die Punktaugen sowie die Antennen (Fühler) mit unzähligen Sinneszellen für Geruch und Geschmack sowie Tasthaaren. Außerdem befinden sich vorn am Kopf die leckend-saugenden Mundwerkzeuge.

Die Brust ist das Bewegungs-Zentrum der Biene: Sie verbindet Kopf und Hinterleib und an ihr sind die zwei Flügelpaare sowie alle sechs Beine verankert. Hier sitzt zudem die kräftige Flugmuskulatur, die bei ausgekoppelten Flügeln auch Wärme erzeugen kann. Im Flug sind Vorder- und Hinterflügel über eine Reihe von Häkchen fest miteinander verbunden.

Im Hinterleib befinden sich die Honigblase sowie der Stachelapparat und bei Drohn und Königin Organe für die Fortpflanzung.

Wie alle Insekten haben Bienen keine Lungen, sondern ein fein verzweigtes Netz von Atemröhren, sogenannte „Tracheen“, die über Löcher im Hinterleib, die Stigmen, mit der Außenwelt verbunden sind.

Eine Biene riskiert ihr Leben

Autsch! Eine Honigbiene sticht zu.

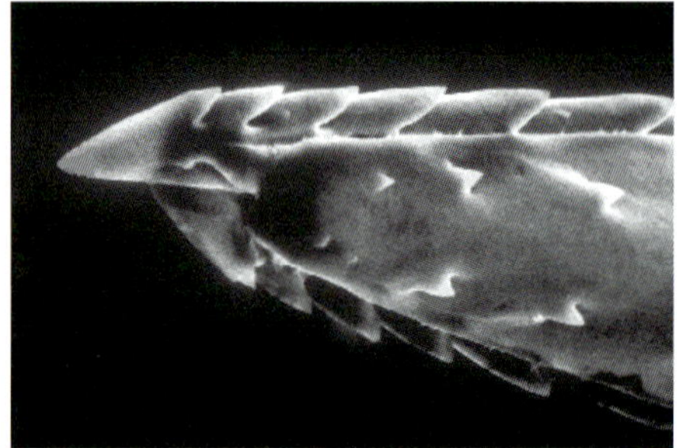

Unter dem Mikroskop ist zu sehen, dass die Stachelspitze Widerhaken hat

Wenn Du an eine Biene denkst, fällt Dir mit Sicherheit auch direkt ihr Stachel ein. Aber wusstest Du, dass nur weibliche Bienen einen Stachel besitzen? Er hat sich nämlich im Lauf der viele Millionen Jahre dauernden Entwicklung der Bienen aus einem Organ entwickelt, das zur Eiablage diente, dem sogenannten „Legebohrer". Daher haben männliche Bienen, die Drohnen, keinen Stachel.

Arbeiterinnen stechen nicht ohne Grund, sondern nur, wenn sie sich bedroht fühlen und sich oder ihr Volk verteidigen. Wenn Du Bienen zusiehst, solltest Du Dich ruhig verhalten und ihr Flugloch immer von der Seite beobachten. Ist Dein Haar lang, binde es am besten zusammen, sodass sich Bienen nicht darin verfangen können. Parfüm und Haarspray solltest Du vermeiden. Auch Bananen solltest Du während der Beobachtung nicht essen, denn die riechen wie der Duftstoff, den Bienen aussenden, um ihr Volk vor einer Gefahr zu warnen.

Bienenköniginnen besitzen ebenfalls einen kleinen Stachel, jedoch nicht zur Verteidigung. Oft ziehen Arbeiterinnen mehrere neue Königinnen gleichzeitig groß. Da es jedoch am Ende nur eine Königin in jedem Volk geben kann, sticht die Königin, die am schnellsten schlüpft, mit ihrem Stachel die anderen tot. Das erscheint Dir bestimmt grausam, aber dieses Verhalten sorgt dafür, dass es im Volk kein Chaos gibt.

Friedliche Wildbienen

Die meisten Wildbienen kannst Du unbesorgt beobachten oder auf die Hand nehmen: Ihr Stachel ist meist zu schwach, um unsere Haut zu durchdringen. Aber fast alle haben ja auch kein Nest und keinen Honig zu verteidigen. Achtung aber bei Hummeln: Sie bewohnen ein Nest und verteidigen es wie Honigbienen und Wespen! Allerdings stechen sie sehr selten – und bevor sie dies tun, warnen sie Dich, indem sie ihre Hinterbeine anheben. Dann sind sie richtig genervt! Diese hier dagegen sitzt ganz entspannt.

Nachahmer

Einige Insekten anderer Gruppen, die keinen Giftstachel besitzen, machen sich die Wehrhaftigkeit der Honigbienen oder Wespen zunutze: Sie ahmen die gelb-braunen oder gelb-schwarzen Streifen auf dem Hinterleib nach. Ein Vogel, der ein- oder zweimal eine Biene oder Wespe gefressen hat und dabei gestochen wurde, merkt sich diese Warntracht nämlich und macht in Zukunft einen weiten Bogen darum. Wenn ein ungefährliches Tier ein gefährliches nachmacht, nennt man das „Mimikry". Hier siehst Du die harmlose Scheinbienen-Keilfleckschwebfliege.

Hat Dich eine Biene gestochen, wird sie fast immer daran sterben. Ihr Stachel besitzt nämlich kleine Widerhaken, die in der dicken und flexiblen Haut des Menschen stecken bleiben. Versucht die Biene nun zu entkommen, reißt sie sich meistens mit dem Stachel einen Großteil ihres Hinterleibs heraus und verendet an dieser Wunde. Wenn sich eine Biene gegen andere Insekten oder Vögel verteidigt, kann sie ihren Stachel dagegen mehrmals verwenden. Hier bleibt er nicht hängen.

Vorsicht!

In warmen Regionen von Nord-, Mittel- und Südamerika leben sogenannte afrikanisierte amerikanische Honigbienen. Solche Bienen entstehen, wenn sich Honigbienen afrikanischer Herkunft mit solchen europäischer Herkunft verpaaren. Sowohl die afrikanischen als auch die europäischen Bienen gab es ursprünglich nicht in Amerika, sondern sie wurden von Menschen eingeführt.

Leider sind diese Mischlingsbienen viel aggressiver als normale Honigbienen, und manchmal kommt es durch sie sogar zu Todesfällen bei Menschen. Daher werden sie in den Medien auch als „Killerbienen" bezeichnet. Bei uns in Europa gibt es solche Bienen nicht. Auf diesem Bild bekämpfen Feuerwehrleute gerade einen Schwarm.

Was Du tun kannst, wenn Dich eine Biene gestochen hat

1. Bleibe ruhig und hole am besten einen Erwachsenen zur Hilfe.
2. Entferne (wenn noch vorhanden) den Stachel und die Giftblase. Am besten gelingt das, indem Du ihn mit den Fingernägeln abkratzt. Achtung: Mit einer Pinzette drückst Du oft noch mehr Gift von der Giftblase in die Einstichstelle!
3. Mit speziellen „Stichheilern", die es beispielsweise in der Apotheke zu kaufen gibt, kannst Du Stiche sofort behandeln. Die sehr warme Spitze des Stichheilers wird auf die gestochene Stelle gedrückt. Seine hohe Temperatur sorgt dafür, dass das Gift unschädlich wird. Anschließend solltest Du die Stelle kühlen.
4. Achtung: Bei einem Stich im Mund oder im Hals oder wenn Du eine Allergie gegen Insektenstiche hast, solltest Du unbedingt gleich den Notruf 112 wählen. Ein Erwachsener sollte bei Dir bleiben.
5. Bei einem Stich, der auch nach einem Tag noch stark geschwollen ist und pocht, solltest Du untersuchen lassen, ob er sich vielleicht entzündet hat. Das passiert aber nur sehr selten.

Die Bienenkolonie: ein Volk aus drei Wesen

Das Bienenvolk ist in drei Wesen aufgeteilt: weibliche Arbeiterinnen, die weibliche Königin und männliche Drohnen. Im Sommer besitzt ein gesundes Bienenvolk etwa 30 000 bis 80 000 Arbeiterinnen, eine Königin und rund 500 bis 2 000 Drohnen. Das sind so viele Bienen, wie Menschen in einer mittelgroßen Stadt leben, zum Beispiel in Rosenheim, Stralsund oder Rüsselsheim!

Die einzige, aber wichtige Aufgabe von Königin und Drohnen ist die Fortpflanzung: Sie sorgen also für Nachkommen. Den Rest erledigen die Arbeiterinnen. Die Bienen in einem Volk sind aufeinander angewiesen und können nur gemeinsam überleben.

Von links nach rechts: Königin mit aufgeklebter Markierung, Drohn und Arbeiterin

Die Arbeiterinnen

In einem Bienenstock gibt es viel zu tun. Es muss geputzt, gebaut, gefüttert und gesammelt werden. Dafür sind allein die Arbeiterinnen zuständig. Damit aber nicht alle das Gleiche machen, übernimmt eine Arbeiterin im Lauf ihres Lebens verschiedene Tätigkeiten. Die ersten Wochen verbringt eine Arbeiterin nur im Stock, erst in den letzten Lebenswochen erledigt sie Aufgaben außerhalb des Brutnestes.

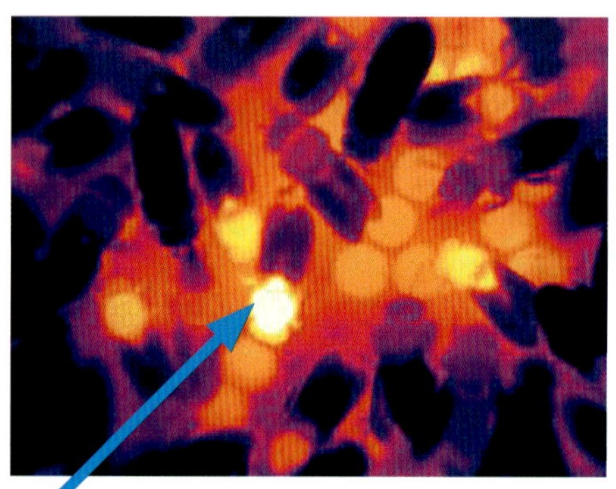

Eine „Heizerbiene" in Aktion. Dieses Foto ist mit einer Wärmebildkamera im Bienenstock aufgenommen. Je heller die Farbe bei einem solchen Wärmebild, umso höher ist die Temperatur. Gelb bedeutet also „sehr warm".

Zellen putzen und verdeckeln (1. bis 10. Lebenstag)

Zu Beginn ihres Lebens säubert die Arbeiterin als „Putzbiene" die Zellen, aus denen junge Bienen geschlüpft sind, und richtet sie für eine neue Eiablage her. Zum Reinigen benutzt sie ihre Mundwerkzeuge und das ölige Sekret ihrer Drüsen an den Mundwerkzeugen. Dadurch bildet sich auch ein desinfizierender Belag auf den Wänden.

Ihr Job ist es auch, kurz vor der Verpuppung der Larven die Brutzellen mit einer dünnen Wachsschicht zu verdeckeln.

Wird es im Bienenstock zu kalt, so wird sie zur „Heizerbiene": Sie kriecht in eine Wabenzelle, „entkoppelt" ihre Flügel und zittert mit ihrer Flugmuskulatur. Muskelbewegung erzeugt Wärme; deshalb bewegst Du Dich auch, wenn Dir kalt ist.

Brut pflegen, Königin und Drohnen versorgen (5. bis 13. Lebenstag)

Jetzt reifen die Futterdrüsen heran, und die Arbeiterin versorgt die Larven zunächst mit Futtersaft. Ab Tag vier werden die Larven von Arbeiterinnen und Drohnen auch mit vorgekautem Brei aus Pollen und Honig gefüttert. Die Königin erhält ausschließlich Königinnen-Futtersaft, das „Gelée royale“. Das ist ein besonders nahrhaftes Futter mit viel Zucker. Arbeiterinnenlarven werden in den ersten fünf Tagen über tausendmal gefüttert, Drohnen noch öfter und Königinnenlarven sogar zehnmal häufiger!

Ein Drohn (oben) bettelt eine Arbeiterin um Futter an

Hier ist zu erkennen, wie eine Baubiene Wachs „ausschwitzt“

Waben bauen (8. bis 17. Lebenstag)

Nun werden die Wachsdrüsen am Hinterleib aktiv. In ihnen wandeln Bienen in einem komplizierten chemischen Prozess Honig in Wachs um. Die so produzierten Wachsplättchen werden zwischen den Bauchschuppen ausgeschieden und wiegen nur 0,8 Milligramm. Um ein Kilogramm Wachs zu erzeugen, benötigen Bienen also fast eine Million Wachsplättchen! Dafür verbrauchen sie ca. 8,4 Kilogramm Honig. Das Wachs wird gekaut und dann für den Bau von Waben verwendet.

Nektar empfangen und Honig daraus machen, Pollen in Waben packen (11. bis 16. Lebenstag)

Arbeiterinnen empfangen hochgewürgten Nektar von Sammelbienen, produzieren daraus Honig und lagern ihn in Wabenzellen.

Heimgebrachter Pollen wird mit hochgewürgtem Honig und Speichel befeuchtet und durch Vergären haltbar gemacht, ähnlich wie Sauerkraut. Anschließend wird er festgestampft in den Waben eingelagert. Eine dünne Schicht Propolis (siehe Seite 33) schützt ihn dann vor Bakterien und Pilzbefall. Diesen bearbeiteten Pollen nennen wir auch „Bienenbrot“.

Sicher fällt Dir auf, dass die Pollen in der Wabe unterschiedliche Farben haben: Pollen vom Apfelbaum zum Beispiel sind gelb, vom Löwenzahn leuchtend orange, vom Raps hellgelb, vom Weißklee braun, Hellgrau stammt von der Himbeere und Schwarz vom Mohn.

Eine Wächterbiene verteidigt den Nesteingang gegen eine Wespe

Belüftung, Bewachung und Verteidigung (10. bis 22. Lebenstag)

Wächterbienen beschützen den Eingang des Bienennests. Ihre Giftdrüse ist jetzt voll ausgebildet. Jedes Volk hat einen bestimmten „Nestgeruch". Mithilfe der Antennen untersuchen die Wächterbienen alle ankommenden Bienen. Fremde Bienen erkennen sie sofort am Geruch und wehren sie ab, damit sie keinen Honig rauben können.

Auch Wespen, Vögel oder Säugetiere werden von Wächterbienen angegriffen, wenn solche Feinde in das Nest eindringen wollen.

Mithilfe ihrer Flügel fächeln Arbeiterinnen zudem von außen frische Luft in das Nest. An heißen Tagen bringen sie vor dem Flugloch sogar kleine Wassertröpfchen auf. Durch die Verdunstung entsteht Kälte, die dann in das Nest gefächelt wird. Bei Bedarf werden auch die Waben mit Wasser benetzt. Wie heiß es draußen auch sein mag: Im Nest herrschen durch die Kühlung immer etwa 35 Grad Celsius und eine relative Luftfeuchte von 40 Prozent. Eine perfekte Bienen-Klimaanlage!

Nektar, Pollen, Wasser und Propolis sammeln, neue Behausung für den Schwarm finden (18. bis 41. Lebenstag)

Nur die ältesten Arbeiterinnen verlassen als Flugbienen das Nest und bringen Nektar, Pollen, Propolis und Wasser in den Stock. Einige der Flugbienen werden zu Kundschafter- oder Spurbienen und suchen eine neue Behausung für den Bienenschwarm – der mit Abstand gefährlichste Job im Staat.

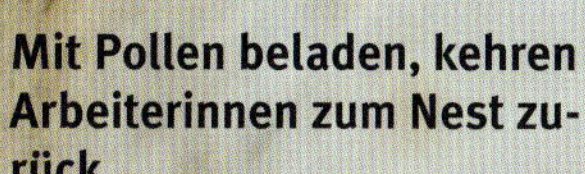

Mit Pollen beladen, kehren Arbeiterinnen zum Nest zurück

Die berühmteste Biene der Welt

Um herauszufinden, wann in ihrem Leben eine Arbeiterin welche Aufgaben ausführt, hat der deutsche Bienenforscher Martin Lindauer Bienen mit Farbpunkten und Nummern gekennzeichnet. Biene Nummer 107 beobachtete er an ihrem achten Lebenstag 24 Stunden lang ununterbrochen und notierte, was sie jeweils tat.
Ein Drittel der Zeit (zusammengerechnet etwa acht Stunden) fraß sie Pollen, putzte Zellen, fütterte Brut, baute und verdeckelte Waben. Zwei Drittel der Zeit, also fast 16 Stunden, ruhte sie oder lief auf den Waben umher. Lindauer fand in ihrem Verhalten keinen Unterschied zwischen Tag und Nacht.

Heute können Bienen sogar mit winzigen Sendern versehen und noch besser erforscht werden

Die Königin

Eine Königin, auch „Weisel“ genannt, entsteht in speziellen nach unten hängenden großen Brutzellen, den sogenannten „Weiselzellen“. Übrigens hat man erst im Jahr 1586 festgestellt, dass die Königin weiblich ist. Bis dahin glaubte man, nur eine männliche Biene könne „Führungsqualität“ besitzen. Daher stammt auch der Begriff „der Weisel“. Heute wissen wir, dass die Königin das Bienenvolk gar nicht führt, sondern die Arbeiterinnen Entscheidungen treffen. Ein Bienenvolk ist also kein Königinnenreich, sondern eher eine Bienendemokratie.

Unten links und rechts erkennst Du die herabhängenden Weiselzellen

Eine Bienenkönigin wird ständig umsorgt

Die Königin legt von Februar bis August bis zu 2 000 Eier am Tag, die zusammen fast so viel wiegen wie sie selbst. Im Jahr sind es etwa 130 000 Eier, in ihrem ganzen Leben rund eine halbe Million! Für diese Höchstleistung wird die Königin alle 20 bis 30 Minuten gefüttert.

Immer ist sie von sechs bis zehn ständig wechselnden Arbeiterinnen umgeben, die sie betasten, lecken und füttern. Durch das häufige Betasten und Lecken wird der „Königinnenduft", der spezielle Geruch der Königin, über das Bienenvolk verteilt: So wissen alle, dass ihre Königin anwesend und gesund ist.

Fehlt die Königin, so bemerkt das Volk den Verlust oft schon nach zehn Stunden. Die Bienen summen dann unruhig und beginnen häufig sofort mit dem Bau von Weiselzellen, um neue Königinnen heranzuziehen.

Drohnenschlacht

Haben die Drohnen ihre einzige Aufgabe, die Begattung einer jungen Königin, im Spätsommer erfüllt, so hören die Arbeiterinnen auf, sie zu füttern. Das Volk bereitet sich jetzt auf den nahenden Winter vor – dabei würden die Drohnen nur von den Vorräten zehren und das Überleben des restlichen Volks erschweren. Einige Tage später werden die geschwächten Drohnen zum Flugloch gedrängt und aus dem Nest geworfen. Ohne Nahrung und Wärme sterben die ausgezehrten Drohnen bald. Dieses Verhalten nennen wir „Drohnenschlacht".

Der Drohn (auch die Drohne genannt)

Drohnen sind die männlichen Bienen. Die einzige, aber wichtige Aufgabe der Drohnen ist es, sich mit jungen Königinnen aus anderen Völkern auf ihrem „Hochzeitsflug" zu paaren. Den Rest der Zeit werden die Drohnen von den Arbeiterinnen gefüttert, da sie selbst weder Nahrung suchen noch Nestaufgaben erledigen können.

Ein Drohn vor dem Hochzeitsflug, umgeben von Arbeiterinnen

Einen Drohn erkennst Du leicht an seinen größeren Augen. Auch ist er insgesamt größer als eine Arbeiterin.

Der Hochzeitsflug

An einem sonnigen Frühlingstag bricht eine frisch geschlüpfte Königin zu ihrem „Hochzeitsflug“ auf. Dazu fliegt sie zu sogenannten „Drohnen-Sammelplätzen“ hoch in der Luft. Schließlich ist sie von hunderten Drohnen umgeben. Im schnellen Flug müssen sie sehr gut sehen können, um eine Königin zu erkennen. Daher sind ihre Facettenaugen besonders gut entwickelt und bestehen aus bis zu 7 500 Einzelaugen. Zum Vergleich: Eine Arbeiterin hat circa 4 500, eine Königin „nur“ 3 500 Einzelaugen.

Lediglich bis zu 17 der vielen Drohnen gelingt es, sich mit der Königin zu paaren. Diese Drohnen sterben kurz danach. Die restlichen Drohnen kehren zum Stock zurück und warten auf die nächste junge Königin.

Die Königin kann diesen besonderen Paarungsflug mehrfach wiederholen. Danach fliegt sie nicht mehr aus, sondern legt von da an etwa vier Jahre lang Eier. Dann zieht das Volk eine neue Königin heran.

Hier siehst Du die weißen Eier in den Zellen

Arbeiterinnen kümmern sich um die heranwachsenden Larven

Vom Ei zur Biene

Aus befruchteten Eiern entwickeln sich Arbeiterinnen oder Königinnen, aus unbefruchteten schlüpfen Drohnen. Männliche Bienen haben also keinen Vater, sondern nur eine Mutter.

Die Entwicklung einer Biene erfolgt vom Ei über die Larve und Puppe bis hin zur ausgewachsenen Biene – also ähnlich wie bei Schmetterlingen. Diese Art von Entwicklung bei Insekten nennt man „vollständige Verwandlung", weil sich die Gestalt der Biene dabei völlig verändert. Viele andere Insekten, beispielsweise Heuschrecken oder Wanzen, durchlaufen kein Puppenstadium, sondern ändern nach dem Schlupf ihr Aussehen im Lauf ihrer Entwicklung nur schrittweise, indem sie sich immer wieder häuten.

Bieneneier sind weiß, oval und leicht gebogen. Zunächst sieht es so aus, als würde das Ei in der Zelle stehen. Deshalb heißt es auch „Stift".

Nach drei Tagen ist aus dem Ei eine 1,5 Millimeter große, weiße Larve geschlüpft. Arbeiterinnen- oder Drohnen-Larven werden

Die Arbeiterinnen sorgen dafür, dass Waben gebaut werden und die Aufzucht reibungslos abläuft

Hier wurden einige Zellen aufgeschnitten. So erkennst Du weiße, frische Puppen und in der Mitte eine umgewandelte Biene, die bald die Zelle verlassen wird.

Ein Drohn zwängt sich aus seiner Zelle

jetzt von den Ammenbienen mit Futtersaft und ab dem vierten Tag mit Brei aus Honig und Pollen gefüttert. Königinnenlarven erhalten nur Gelée royale. Eine Arbeiterinnenlarve nimmt etwa das 900-Fache ihres Ei-Gewichts zu, Drohnen das 1 700-Fache, Königinnen das 2 300-Fache.

Alle Larven häuten sich fünf Mal. Nach jeder Häutung sind sie größer als zuvor. Jede Zelle wird für die Häutung mit einer dünnen Wachsschicht verdeckelt, die jedoch im Gegensatz zum Deckel auf den Honigwaben luftdurchlässig ist. Nun beginnt die Larve, ein seidiges Gewebe um sich zu spinnen, den Kokon. Darin findet dann die Verwandlung von der Larve zur Biene statt: Der Körper wird völlig umgebaut. Diesen Prozess, in dem unter anderem Muskeln und Organe entstehen, nennt man „Metamorphose" oder Verwandlung. Am letzten Tag der Verwandlung wird die Biene braun.

Um zu schlüpfen, schneidet die Biene den Wachsdeckel mit ihren Mundwerkzeugen auf. Ihr Außenskelett, das wie bei allen Insekten aus Chitin besteht, härtet erst nach 12 bis 14 Stunden aus. So lange ist die junge Biene noch weich.

Die Entwicklungszeit der drei verschiedenen Bienenwesen ist übrigens unterschiedlich lang. Während eine Königin nach nur 16 Tagen schlüpft, benötigt eine Arbeiterin 21 Tage und ein Drohn 24 Tage.

Weibchen oder Männchen – wer entscheidet?

Nicht die Königin selbst, sondern die Arbeiterinnen entscheiden, welche Eier die Königin legt. Braucht das Volk mehr Drohnen, so bauen die Bienen deutlich größere Wabenzellen. Bevor die Königin ein Ei legt, tastet sie die Waben mit ihren Beinen ab und legt nur unbefruchtete Eier in die großen Zellen. Daraus schlüpfen dann später Drohnen.

Honigbienen im Winter

Die Kätzchen der Weide liefern im Frühjahr Pollen

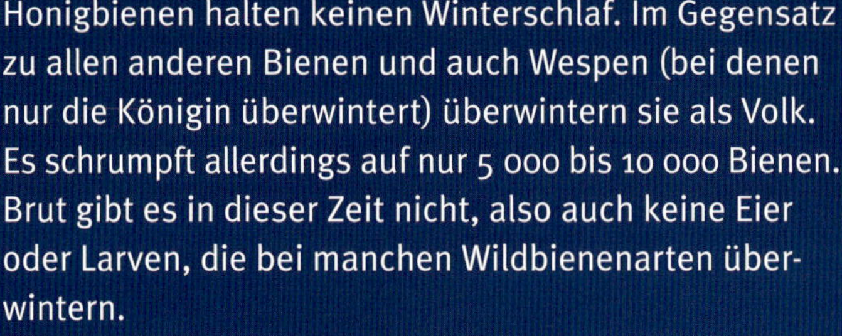

Honigbienen halten keinen Winterschlaf. Im Gegensatz zu allen anderen Bienen und auch Wespen (bei denen nur die Königin überwintert) überwintern sie als Volk. Es schrumpft allerdings auf nur 5 000 bis 10 000 Bienen. Brut gibt es in dieser Zeit nicht, also auch keine Eier oder Larven, die bei manchen Wildbienenarten überwintern.

Das Volk besteht nun nur noch aus der Königin und besonderen Arbeiterinnen, den „Winterbienen", die sich schon im August aus der Brut entwickeln. Statt etwa sechs Wochen wie die Sommerbienen leben diese Arbeiterinnen bis zu acht Monate und haben deutlich mehr Fett gespeichert als Sommerbienen. Sie betreiben „Power-Kuscheln" und halten die Königin im Inneren der sogenannten „Wintertraube" durch Zittern mit ihrer Flugmuskulatur warm. Dabei haben sie ihre Flügel entkoppelt, sodass sich diese nicht bewegen.

Bienen aus dem kühlen Außenbereich der Wintertraube werden dabei immer wieder von den aufgewärmten Bienen im Innenbereich abgelöst. Energie dafür liefert der eingelagerte Honig. Auch wenn es draußen noch so kalt ist: Im Inneren dieser „Wintertraube" herrschen nie unter angenehmen 20 Grad Celsius!

Auch Krokusse sind Frühjahrsblüher, die von Bienen dankbar angeflogen werden

Den Winter verbringen Honigbienen als geschrumpftes Volk

Die Bienen sorgen dafür, dass selbst im Winter immer mindestens 20 Grad Celsius im Stock herrschen

Erst wenn im Frühling die Außentemperaturen 10 Grad überschreiten, fliegen die Bienen wieder aus und entleeren zuerst ihre Kotblase. Denn über einige Monate sind sie nicht „auf die Toilette gegangen“, um das Nest nicht zu verschmutzen.

Dann machen sie sich wieder auf die Suche nach Nahrung. Besonders Pollen ist jetzt wichtig, damit schnell viel Eiweiß für die Aufzucht der Brut vorhanden ist. Daher sind Bienen besonders auf früh im Jahr blühende Pflanzen wie Krokusse oder Weiden angewiesen. Sobald Bienen Pollen finden, beginnt die Königin wieder Eier zu legen. Das kann bereits im Februar sein.

Eine „Wintertraube“ aus Bienen ist ungefähr so groß wie ein Handball

Ein Volk auf Wohnungssuche: der Bienenschwarm

Der Schwarm hat sich niedergelassen

Damit der Kontakt zwischen zwei Teilen der Kolonie nicht abreißt, bilden einige Bienen eine Kette

Wenn im Frühsommer das Bienenvolk am größten ist, platzt das Nest aus allen Nähten. Die Arbeiterinnen legen dann Weiselzellen an und ziehen eine neue Königin heran. Kurz bevor sie schlüpft, fliegt bei gutem Wetter etwa die Hälfte des Volkes mit der alten Königin davon: Die Bienen „schwärmen". Vorher haben die Arbeiterinnen ihre Honigblase noch randvoll mit Honig gefüllt, um eine Futterreserve für die Reise zu besitzen.

Sofort nach Aufbruch des Bienenschwarms machen sich „Kundschafterbienen" auf die Suche nach einer geeigneten neuen Nisthöhle. Sie vermessen dort die Größe und Lage des neuen Standorts und schätzen die Feuchtigkeit ein. Wenn sie eine geeignete Stelle gefunden haben, informieren sie den Schwarm, indem sie für die neue Behausung tanzen – was es mit dem Tanz auf sich hat, erfährst Du auf Seite 41.

Da es mehrere Kundschafterbienen und mehrere Angebote gibt, muss das Volk nun entscheiden, welche neue Behausung am besten passt. Wie Bienen sich einigen, wird gerade noch erforscht. Sicher ist: Hat sich der Schwarm entschieden, so werden die ehemaligen Kundschafterbienen zu „Flitzerbienen": Sie fliegen schnell vor und dann wieder zum Schwarm zurück und leiten den Rest des Volkes so an den neuen Standort des Nests. Dort siedelt sich der Schwarm dann an: Aus *einem* Bienenvolk sind zwei geworden.

Der Bienenschwarm sucht ein Zuhause

In der freien Natur suchen sich Bienenschwärme geschützte Orte, an denen sie ihre Nester bauen. Hohle Bäume eignen sich dazu hervorragend. Leider werden solche Nistplätze aber immer seltener, da der Mensch Wald und Gärten zunehmend „aufräumt". Deshalb gibt es oft Schwärme, die kein Zuhause finden. Werden diese von einer Imkerin oder einem Imker entdeckt, so kann er sie in einer Schwarmkiste mitnehmen und in eine künstliche Behausung setzen, beispielsweise eine spezielle Holzkiste, eine sogenannte „Bienenbeute". Laut Bienengesetz gehört ein Bienenschwarm der Person, die ihn findet.

Mit etwas Glück findest auch Du einen! Selbst ohne eine Schwarmkiste wie auf dem Foto unten rechts, mit einem einfachen Eimer kannst Du den Schwarm leicht fangen, natürlich entsprechend vorsichtig. Wichtig ist, dass Du die Königin dabei mit erwischst. Dann kannst Du den Schwarm behalten oder eine Imkerin oder einen Imker anrufen, um ihn abholen zu lassen. Vielleicht bekommst Du als Dank ein Glas Honig geschenkt.

Ein Imker hat ein Volk samt Königin eingesammelt

Hier siehst Du einen Bienenschwarm, der sich auf einem Fahrrad niedergelassen hat. Ein Imker hat bereits eine Schwarmkiste daruntergestellt, in die der Schwarm umsiedeln soll.

Bienen als Baumeister

Am neuen Nestplatz angekommen, beginnen die Bienen direkt damit, ihr kunstvolles neues Nest zu bauen. Dieses besteht aus genau senkrecht nebeneinander herabhängenden Waben. Dazwischen gibt es immer eine Lücke von acht bis zehn Millimetern, sodass zwei Bienen auf jeder Wabe „übereinander" laufen können, ohne anzustoßen. Diese Lücke nennt man auch „Wabengasse".

Die Waben bestehen aus sehr regelmäßigen sechseckigen Einzelzellen aus Wachs, das die Bienen selbst produzieren, wie Du schon weißt. Alle Zellen haben die gleiche Wandstärke von nur 0,07 Millimetern.

Vielleicht fragst Du Dich, warum die Zellen ausgerechnet sechseckig sind. Mit Sechsecken kann jede Fläche ausgefüllt werden, ohne dass Lücken entstehen. Die Bienen bauen somit platzsparender und stabiler. Dadurch benötigen sie auch weniger Wachs, weil die Wände der Zellen dünner sein können. Das ist sehr wichtig, da die Herstellung von Wachs die Bienen sehr viel Energie kostet. Mit nur einem Kilogramm Wachs können Bienen genügend Zellen bauen, um 22 Kilogramm Honig zu lagern! Übrigens sind aus Platz- und Stabilitätsgründen nicht nur die Zellen von Bienenwaben, sondern zum Beispiel auch die Einzelaugen der Facettenaugen von Insekten sechseckig (siehe Seite 27).

Hier wurde ein Baumstamm aufgesägt, um in ein natürliches Honigbienennest in einem hohlen Baum hineinblicken zu können. Du blickst auf frisch gebaute Bienenwaben. Die Wabenzellen sind sehr gleichmäßig und so dünn, dass Du sogar den eingelagerten Honig gut erkennen kannst. Frische Waben sind ebenso wie das gerade von den Arbeiterinnen produzierte Wachs zu Beginn noch ganz weiß. Erst durch den Kontakt mit Pollen, Honig und Brut werden sie gelb bis dunkelbraun.

Übrigens – ob Du es glaubst oder nicht: Noch immer steht nicht ganz sicher fest, wie genau Bienen ihre perfekten Sechsecke bauen. Die meisten Fachleute sind aufgrund ihrer Beobachtungen der Ansicht: Bienen bauen gar nicht sechseckig, sondern rund! Und zwar zunächst einen Zylinder um sich selbst. Anschließend erwärmen sie oder die Heizerbienen das Wachs auf ca. 40 Grad Celsius, das dann zu schmelzen beginnt und elastisch wird. Und schon verformen sich die Wabenzellen automatisch selbst zu Sechsecken. Wenn das Wachs wieder abkühlt, so wird es in der neuen sechseckigen Form fest.

Es gibt aber auch zwei Forscher, die der Meinung sind, dass die Honigbienen sehr wohl von Anfang an sechseckig bauen. Vielleicht gehst Du ja einmal in die Bienenforschung und kannst das Geheimnis endgültig lüften?

Waben als Vorbild für den Menschen

Der Mensch hat sich die Wabenform von den Bienen abgeschaut. Zum Beispiel befindet sich im Inneren von Flugzeugflügeln oder manchen Verpackungsmaterialien eine Wabenstruktur: So sind sie leicht und gleichzeitig sehr stabil. Auf dem Bild siehst Du Verpackungs-Karton in Wabenform.

Bienen nutzen ihre Waben auch, um Informationen auszutauschen. So finden hier zum Beispiel die Bienentänze statt, um andere Bienen auf Futterquellen hinzuweisen (siehe Seite 41). Dabei werden teilweise die Waben durch Vibration mit dem Hinterleib in Schwingung versetzt. Andere Bienen nehmen die Schwingungen wahr und können daraus Informationen entschlüsseln.

Die Waben und ihre bis zu 200 000 Zellen sind sowohl Lagerräume als auch Kinderzimmer. Eine Honigzelle fasst ca. 0,5 Gramm Honig, eine Pollenzelle 0,4 Gramm Pollen. Dazu müssen die Bienen 20 Pollen-Höschenpaare (siehe Seite 32) „einfliegen.

Honigbienen sind Waldbewohner: In freier Wildbahn nisten sie in hohlen Bäumen. Hier siehst Du den Eingang eines solchen Nests.

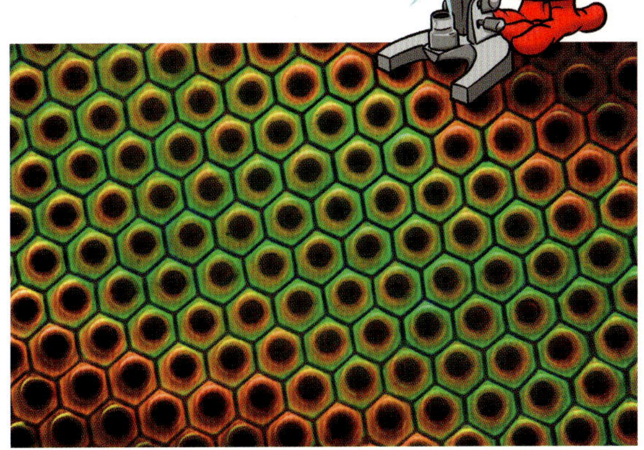

Auch die Einzelaugen der Facettenaugen der Insekten sind wabenförmig, wie hier bei einer Bremse

Biene und Blüte – eine perfekte Partnerschaft

Im Lauf von vielen Millionen Jahren haben Bienen und Blütenpflanzen eine perfekte Partnerschaft entwickelt. Eine solche gemeinsame Entwicklung nennt die Wissenschaft „Co-Evolution". Manche Bienen und Blütenpflanzen sind so eng aufeinander abgestimmt, dass sie sich gegenseitig sogar zum Überleben brauchen.

Um sich fortpflanzen und verbreiten zu können, bilden Pflanzen Früchte und Samen aus, aus denen ihre Nachkommen wachsen. Damit diese entstehen, müssen ihre Blüten vorher bestäubt werden. Der männliche Blütenstaub, der Pollen, muss dabei zur Narbe gelangen, dem weiblichen Teil einer Blüte. Pflanzen haben dafür zwei unterschiedliche Strategien: Sie lassen ihren Pollen durch den Wind oder durch Tiere zur nächsten Narbe transportieren. Was die Bestäubung durch Tiere betrifft, so haben Pflanzen und Tiere wohl bereits am Ende des Erdmittelalters, also noch zu Zeiten der Dinosaurier, eine besondere Partnerschaft gebildet.

Bienen und Blütenpflanzen haben sich in ihrer viele Millionen Jahre langen Entwicklung aneinander angepasst

Beim Blütenbesuch bleibt Pollen an der Biene haften

Gesammelten Pollen transportiert die Honigbiene am Bein, aber am Körper haftender Pollen bestäubt die besuchten Blüten

Während der Transport durch den Wind eher zufällig erfolgt, übertragen Tiere den Pollen zielgerichtet und zuverlässiger zur nächsten Blüte. Daher müssen tierbestäubte Pflanzen weniger Pollen produzieren als windbestäubte Pflanzen und sparen so Energie. Dafür locken sie Tiere mit süßem Nektar, einer zuckerhaltigen Flüssigkeit, als energiereiche Nahrung. Dieser wird in speziellen Nektardrüsen am Boden der Blüte so lange gebildet, bis die Blüte bestäubt ist. Auffällige Blütenblätter ziehen Bestäuber an, und besondere Muster, die sogenannten „Saftmale“, leiten sie zu den Nektardrüsen. Einige der Saftmale können nur Insekten sehen.

Die Blütenbesucher saugen oder lecken den Nektar aus den Blüten. Dabei bleiben die Pollenkörner aus den Staubblättern der Blüten an den Tieren haften und werden von ihnen zur nächsten Blüte weitergetragen. Dort bleiben sie an der Narbe hängen: Die Pflanze wird bestäubt und kann Samen oder Früchte bilden.

Tierbestäubte Pflanzen können zwar auch durch Wind bestäubt werden, dann reifen in der Regel aber weniger und kleinere Früchte heran.

Einige wichtige Pflanzenbestäuber im Tierreich

- **Honig- und Wildbienen**
- **Fliegen**
- **Schmetterlinge**
- **Fledermäuse**
- **Kleine Vögel, zum Beispiel Kolibris**

Eine fantastische Leistung

Die wichtigste Aufgabe von Honig- und Wildbienen für die Natur ist es also nicht, Honig zu produzieren, sondern Pflanzen zu bestäuben. Denn fast alle Blütenpflanzen sind für ihre Bestäubung auf Insekten angewiesen. Den Großteil davon übernehmen die über 20 000 Arten von Bienen. Durch ihre Bestäuberleistung reifen die Samen zahlreicher Blütenpflanzen heran, und die Artenvielfalt der Natur wird aufrechterhalten. Ohne Bienen würden viele Pflanzen aussterben – auch solche, die der Mensch als Nahrung braucht.

Unglaublich, was Bienen alles leisten!

Eine Honigbienen-Sammelbiene fliegt an einem sonnigen Tag bis zu 15 Mal für Nektar und Pollen aus und bestäubt dabei im Schnitt 500 Blüten, im Höchstfall sogar bis zu 3 000. Ein Ausflug dauert 15 bis 60 Minuten, und dabei fliegt sie im Durchschnitt 750 Meter weit. Sie sucht so lange die gleichen Blüten einer Pflanzenart auf, bis dort kein Nektar mehr zu finden ist. Dieses Verhalten nennt man blütenstet. Es erhöht die Wahrscheinlichkeit, dass die betreffende Art erfolgreich bestäubt wird, da die Biene ziemlich sicher die Pollen einer Blüte auf eine andere Blüte derselben Art überträgt, also zum Beispiel von einer Apfelblüte zur anderen Apfelblüte.

Wenn die Tiere von Apfelblüte zu Apfelblüte fliegen, bestäuben sie diese nach und nach. Nur so können später Früchte wachsen.

Diese Hummel bestäubt die Blüten einer Tomatenpflanze

Außerdem gehen Honigbienen im Verband vor: Ein starkes Volk sendet an einem Tag etwa 10 000 bis 15 000 Sammelbienen aus. Viele Pflanzen haben daher eine perfekte Partnerschaft ausgebildet und Form und Farbe ihrer Blüten genau auf das Sehvermögen, die Zungenlänge und den Körperbau von Honigbienen angepasst.

Wildbienen sind ebenso wichtige Bestäuber: Manche bestäuben sogar bis zu 5 000 Blüten pro Tag, und viele von ihnen bringen den Pollen noch besser auf die Narbe auf als Honigbienen. Hummeln schütteln mithilfe einer speziellen Vibrations-Technik ihrer Flugmuskulatur sogar extra Pollen aus den Staubbeuteln heraus. Einige Pflanzen wie Tomate oder Kartoffel sind auf diese „Vibrationsbestäubung" angewiesen, da Wind oder ein normaler Bienenkontakt nicht ausreichen. Hummeln werden daher als Bestäuber für große Gemüse-Gewächshäuser in „Hummel-Fabriken" extra gezüchtet. Außerdem fliegen viele Wildbienen im Gegensatz zu den meisten Honigbienen auch bei kaltem und regnerischem Wetter zum Sammeln aus.

Für die Bestäubung vor allem von Tomaten werden Hummelvölker in die Plantagen gebracht

Wildbienen wie diese Pelzbiene sind teils noch effektivere Bestäuber als Honigbienen

Wie und was Bienen sammeln

Diese wunderschöne australische Pelzbiene ist wie die Honigbiene eine Körbchensammlerin

Eine Honigbienen-Arbeiterin wiegt nur 0,1 Gramm. Sie kann aber über die Hälfte ihres eigenen Körpergewichtes an Nektar oder Pollen aufnehmen und über mehrere Kilometer weit transportieren!

Für das Pollensammeln besitzt sie an ihren Hinterbeinen eine spezielle Vorrichtung, eine Mulde mit dicken Borsten, das Pollenkörbchen. Mittels Pollenkämmen und Pollenschiebern an den Beinen bürstet sie die hängen gebliebenen Pollen von ihrem Körper und packt sie in das Pollenkörbchen. Mit hochgewürgtem Nektar wird der Pollen zu einem handlichen Paket zusammengeklebt.

Das Hinterbein der Körbchensammlerinnen ist so gestaltet, dass die Biene daran den Pollen unterbringen kann

Solche Pollenpakete transportiert die Biene dann zum Nest, wo sie von anderen Arbeiterinnen entgegengenommen und in den Wabenzellen gelagert werden – als Nahrung vor allem für die Brut, also die Bienenlarven. Viele nennen diese Pakete auch „Pollen-Höschen". Für ein Kilogramm Pollen braucht es 50 000 Höschenpaare, die in 2 500 Zellen untergebracht werden. Ein mittelgroßes Bienenvolk sammelt im Jahr etwa 30 Kilogramm Pollen.

Bienenarten werden auch nach der Art unterteilt, wie sie Pollen sammeln und transportieren. Honigbienen und Hummeln, die Pollen an den Hinterbeinen in Pollenkörbchen sammeln, nennt man auch „Körbchensammlerinnen". Andere Arten haben Borstenkämme an den Hinterbeinen und werden deshalb als „Beinsammler" bezeichnet, zum Beispiel Pelzbienen, Langhornbienen

und transportieren als „Kropfsammlerinnen“ den Pollen gemeinsam mit Nektar in ihrer Honigblase.

Auch Harze und andere Stoffe von Knospen und Bäumen werden von Bienen gesammelt und für die Herstellung von Propolis verwendet, dem „Bienenkitt“. Mit Propolis wird das Nest vor Zugluft abgedichtet, es dient aber auch dem Schutz der Bienen vor Krankheiten und wird daher fast überall ausgebracht. Propolis wirkt gegen Bakterien, Viren und Pilze, die sich sonst im warmen und feuchten Bienennest gut vermehren könnten. Auch zur Mumifizierung getöteter Eindringlinge, die nicht aus dem Nest entfernt werden können, wird Propolis verwendet. Die mit den Mundwerkzeugen abgenagten Harze bringen die Bienen wie Pollen im Pollenkörbchen am Hinterbein nach Hause.

Zudem sammeln Honigbienen in ihrer sehr dehnbaren Honigblase, in die die Speiseröhre endet, große Mengen Nektar. Bis zu 50 Mikroliter Nektar passen hinein. Da die Biene nur etwa 100 Milligramm wiegt, entspricht dies der Hälfte ihres eigenen Körpergewichts! Fliegt eine Sammelbiene voll beladen zurück zum Nest, so erkennst Du das daran, dass ihr Hinterleib nach unten hängt, weil er so schwer ist.

In Richtung zum Mitteldarm (dem eigentlichen Magen der Biene) sitzt eine spezielle Klappe, der Ventiltrichter. Damit kann die Biene selbst entscheiden, wie viel Nektar sie weiter in den Darm lässt und somit frisst oder mit nach Hause bringt. Durch die Klappe wird auch verhindert, dass Nahrung aus dem Darm zurück in den Honigmagen fließt.

Diese Löcherbiene ist eine Bauchsammlerin

Die Raufüßige Bürstenbiene ist eine Beinsammlerin

Arbeiterinnen lassen den Nektar mehrfach auf der Zunge auf- und abfließen und dicken ihn dabei ein. Dabei vermischen sie ihn auch mit ihrem Speichel.

Erst dann geben sie ihn in die Wabenzellen

Vom Nektar zum Honig

Im Nest wird der hochgewürgte sehr flüssige Nektar der Sammelbiene nacheinander von mehreren Arbeiterinnen in Empfang genommen, die dann etwa eine halbe Stunde lang immer wieder kleine Mengen davon auf ihren ausgestreckten Zungen auf und ab fließen lassen, bis ein Großteil des Wassers aus dem Nektar verdunstet ist.

In dieser Zeit wird der Nektar auch mit dem Bienenspeichel vermischt und so zu Honig. Dieser enthält etwa 200 wichtige Substanzen, die zum Beispiel auch gegen Bakterien wirken.

Der noch unreife eingedickte Honig wird dann in einer Wabenzelle gelagert und anschließend bis zu fünf Tage so lange mit den Flügeln befächelt, bis sein Wassergehalt weniger als 18 Prozent beträgt. Honig mit mehr Wasser würde nämlich zu gären beginnen.

Die Umwandlung von Nektar zu Honig dauert also bis zu fünf Tage. Aus 50 Milligramm Nektar entstehen etwa 20 Milligramm Honig. Den reifen Honig verschließen die Bienen als Vorrat für den Winter mit einer hauchdünnen, luftdichten Wachsschicht.

Viele Flugkilometer für Dein Honigbrot!

Rechne einmal aus, wie weit Bienen für Dein Honigbrot fliegen müssen. Auf ein Honigbrot streicht man etwa einen Teelöffel Honig, das sind rund 10 Gramm, also 10 000 Milligramm. Das teilst Du durch 20 Milligramm – die Menge Honig, die aus dem Nektar eines einzigen Sammelflugs entsteht. Dann weißt Du, wie viele Sammelflüge notwendig sind. Diese Zahl multiplizierst Du nun mit 750 Metern, der durchschnittlichen Flugstrecke.
Achtung: Das Ergebnis musst Du nun noch verdoppeln, da Bienen genauso viel Honig einlagern, wie sie für sich und den Nachwuchs zum Fressen benötigen.

Rechnung: 10 000 Milligramm : 20 Milligramm = 500; 500 x 750 Meter = 375 000 Meter
375 000 Meter x 2 = 750 000 Meter = 750 Kilometer
Lösung: Für Dein Honigbrot fliegen Honigbienen also im Schnitt 750 Kilometer! Meist sogar noch mehr, denn oft sind die Blüten weiter weg. Für ein Glas Honig von 500 Gramm müssen Bienen bis zu 75 Millionen Blüten besuchen und legen durchschnittlich 37 500 Kilometer zurück. Zum Vergleich: Einmal um die Erde sind es rund 40 000 km! Und noch einmal anders betrachtet: Für Deinen Teelöffel Honig haben fünf bis sieben Bienen ihr gesamtes Leben gesammelt.

Die Sinne der Biene

Du hast nun sehr viel über die fantastischen Leistungen der Bienen erfahren und fragst Dich sicher: „Wie machen die das bloß?"

Honig- und Wildbienen nehmen die Welt nicht so wahr wie wir. Sie haben eine andere, aber sehr wirkungsvolle Art entwickelt, um zu sehen, zu riechen, zu hören und zu schmecken. Außerdem besitzen sie noch zusätzliche Sinne. Kein Wunder, denn ihr Lebensraum ist sehr unterschiedlich und enorm komplex: Die ersten drei Wochen ihres Lebens verbringen sie auf den Waben im dunklen Nest, in dem sie ihren speziellen Aufgaben nachkommen und sich mit anderen Bienen verständigen, ohne sie sehen zu können. In ihren letzten drei Lebenswochen als Sammlerinnen oder Kundschafterinnen müssen sie sich dann bei hohen Fluggeschwindigkeiten außerhalb des Nestes perfekt orientieren können.

„Wie komme ich jetzt heim zum Stock?" Die fantastischen Sinne der Biene weisen ihr den Weg.

Riechen – der wichtigste Bienensinn

Ein Leben ohne Düfte wäre für Bienen unmöglich. Sie können Düfte bereits in winzig kleinen Mengen wahrnehmen und merken sich diese schon beim ersten Mal: Honigbienen besitzen ein sagenhaftes „Duft-Gedächtnis". Sie sind besonders spezialisiert auf Blütendüfte und die Duftstoffe ihres Volkes, die in der Wissenschaft „Pheromone" genannt werden. Durch Düfte finden Bienen ihre Nahrung, orientieren sich, erkennen Gefahren, verständigen sich untereinander und erkennen mögliche Partnerinnen und Partner für die Paarung. Bienen leben quasi in einer „Duftwelt".

Hier einige Beispiele, wie Honigbienen Duftstoffe zur Verständigung nutzen:

- Wächterbienen lassen nur Bienen in das Nest, die den richtigen „Nestgeruch" haben.
- Bei Gefahr verströmen Bienen einen Alarmduftstoff und holen so Nestgenossinnen zu Hilfe.
- Die Königin verströmt einen bestimmten „Königinnenduft", der das Volk zusammenhält.
- Bienenlarven verströmen einen Duft, der den Arbeiterinnen sagt: Füttere mich! Solange noch Brut im Nest ist, verlassen Ammenbienen, die sich um die Brut kümmern, daher nicht das Nest.
- Honigbienen können lohnende Futterquellen mit Duft markieren, um so Nestgenossinnen den Weg zu weisen.
- Kundschafterbienen, die eine neue Nistmöglichkeit gefunden haben, lotsen ihren Schwarm über eine Duftspur ins neue Heim.

Da jede Biene zwei Antennen besitzt, vermag sie festzustellen, aus welcher Richtung der Duft kommt, genauso wie Du mit Deinen zwei Ohren hören kannst, aus welcher Richtung ein Ton kommt: Diejenige Antenne, die näher an der Duftquelle ist, riecht den Duft schneller und stärker als die andere.

Auch Wasser müssen Bienen mittels ihrer Sinne finden

Diese Biene „sterzelt": Sie verströmt vor dem Stockeingang den Duftstoff „Geraniol" aus ihrer Duftdrüse am Hinterleib, fächert ihn mit beiden Flügeln in die Luft und verteilt ihn so. Damit hilft sie besonders noch jungen Sammelbienen, durch die Duftfahne zurück in den eigenen Stock zu finden. Mit demselben Duft können Bienen auch einen Futterplatz markieren.

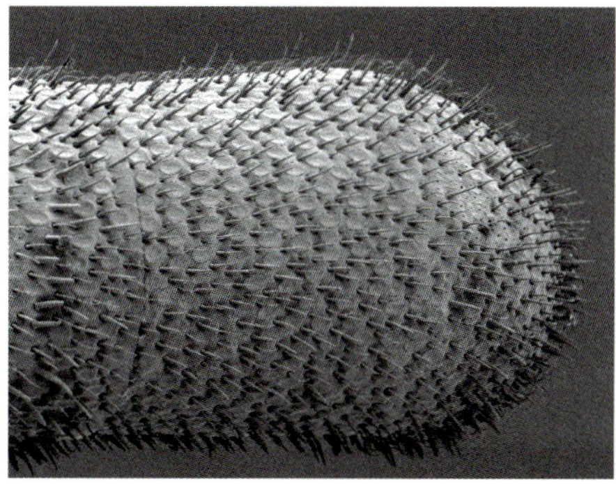

Mithilfe eines Elektronenmikroskops kannst Du auf der Spitze einer Bienenantenne dicht gedrängt tausende „Sensillen" erkennen, mit denen die Biene vor allem riecht und fühlt, aber auch Temperatur, Luftfeuchtigkeit, Vibrationen und Luftströmungen misst

Schmecken mit den Füßen

Kannst Du Dir vorstellen, mit den Füßen zu schmecken? Bienen sind dazu in der Lage! Sinneszellen für Duft und Geschmack finden sich bei ihnen nämlich nicht nur an den Antennen und im Bereich des Mundes, sondern auch an den Füßen.

Sehen – völlig anders als beim Menschen

Außer den beiden großen Facettenaugen links und rechts am Kopf erkennst Du auch noch die drei Einzelaugen auf der Stirn

Auf den ersten Blick erscheint es Dir vermutlich, als hätten Bienen zwei Augen. Bienen besitzen jedoch, wie die meisten anderen Insekten, tausende kleine Einzelaugen. Die bis zu 4 500 Einzelaugen einer Honigbienen-Arbeiterin setzen sich zu einem rundlichen sogenannten „Facettenauge“ zusammen.

Natürlich nimmt die Biene mit ihren Facettenaugen die Umwelt anders wahr als wir. Jedes ihrer sechseckigen, unbeweglichen Einzelaugen erfasst einen leicht unterschiedlichen Ausschnitt der Umgebung, sodass eine Art Bildermosaik entsteht.

Facettenaugen sind hervorragend dazu geeignet, um schnelle Bewegungen zu sehen. Das ist Voraussetzung für den Flug der Biene. Während wir Menschen etwa 60 Bilder pro Sekunde wahrnehmen können, sieht die Biene rund 300 Bilder pro Sekunde. Was für Dich also als schnelles Wedeln mit den Händen wirkt, erfasst die Biene sozusagen als Zeitlupe in Einzelbildern.

Im Gegensatz zu uns Menschen kann eine Biene kein Rot wahrnehmen. Eine für Dich rot erscheinende Blüte sieht die Biene schwarz. Dafür aber nimmt sie ultraviolettes (UV)-Licht wahr. Das hilft ihr, Blüten und Pollen besser zu erkennen. Außerdem kann sie im Gegensatz zu uns die sogenannte Polarisation des Lichts erkennen und damit auch an wolkigen Tagen den Stand der Sonne ermitteln. Das ist wichtig, damit sie wieder nach Hause findet.

Hier hat ein Forscher das Auge einer toten Biene vorsichtig geöffnet und unter ein Elektronenmikroskop gelegt. Bei 10 000facher Vergößerung kannst Du jetzt die vielen Einzelaugen sehen, die „Ommatidien“ (griechisch für „Äuglein“). Einige sind beim Öffnen kaputt gegangen. Rechts erkennst Du, dass Bienen auch auf den Augen Haare haben, mit denen sie Luftströmungen wahrnehmen können.

Beim Rückflug nur Schwarzweiß

Fliegt eine Biene nach ihrem Sammelflug rasch zum Stock zurück, interessiert sie sich nicht mehr für die Blüten. Ihre Augen nehmen dann aufgrund ihrer Geschwindigkeit keine Farben mehr wahr. Durch die Schwarzweiß-Sicht kann sie sich ganz auf ihre Orientierung konzentrieren.

Je näher eine Biene an ein Objekt heranfliegt, desto mehr Details sieht sie:

Ein Meter Entfernung

30 Zentimeter Entfernung

Fünf Zentimeter Entfernung

Die Farbe Rot können Bienen nicht sehen. Während wir den Klatschmohn rot wahrnehmen (links), erscheint er für die Biene schwarz (rechts).

Neben ihren zwei Facettenaugen besitzen Honigbienen zusätzlich drei kleine Punktaugen auf ihrer Stirn. Damit können sie Licht unterschiedlich hell oder dunkel wahrnehmen. Vermutlich helfen sie der Biene auch, die Lage des Horizontes zu erkennen, um so stabiler fliegen zu können.

Hören ohne Ohren

Bienen hören nicht wie wir mit Ohren, sondern spüren den Schall als Vibration am ganzen Körper, besonders mit ihren Antennen und Beinen. Der wichtigste Ton für die Bienen liegt bei 250 Schwingungen pro Sekunde, man sagt auch 250 Hertz. Diese Schwingungen erzeugen die Arbeiterinnen beim Schwänzeltanz, mit dessen Hilfe wichtige Informationen von Biene zu Biene übertragen werden (siehe Seite 41).

Der Ton entspricht auch ihrem Flügelschlag, er ist also das Summgeräusch, das wir hören. Besonders die Waben spielen eine sehr wichtige Rolle dabei, im dunklen Nest über Vibrationen und Schwingungen der Bienen Informationen weiterzugeben.

Diese erfahrene Imkerin kann am Summen der Bienen in der Wintertraube hören, ob die Tiere leben und gesund sind

Oben und unten

Bienen können auch Schwerkraft wahrnehmen, und zwar mithilfe polsterartig angeordneter Sinneshaare an den Gelenkstellen zwischen Kopf und Brust oder Brust und Hinterleib. Auch in den Antennen sind Sinneszellen für Schwerkraft vorhanden. Das ist im dunklen Bienennest sehr nützlich, zum Beispiel um beim Wabenbau zu wissen, wo oben und unten ist.

Wie Bienen sich orientieren

Zur Orientierung außerhalb ihres Nestes nutzt die Honigbiene eine Kombination all ihrer Sinne, die Du eben kennengelernt hast. Im Gehirn der Biene werden die einzelnen Signale der Sinnesorgane zu einem Ganzen verarbeitet.

Bienen machen sich auf diese Weise ein genaues Bild ihrer Umwelt. Sie erstellen sowohl eine räumliche Landkarte, so wie wir sie zum Beispiel beim Wandern oder Autofahren verwenden, als auch eine Duftlandkarte. Weil Bienen sehr gut lernen und sich erinnern können, vermögen sie diese Karten ständig zu erweitern. Beim Erstellen der Karten hilft ihnen auch ihre Fähigkeit, den Stand der Sonne zur Orientierung zu nutzen. Zudem können sie, wie Du schon weißt, im Gegensatz zu uns Menschen polarisiertes Licht wahrnehmen, aber auch das Magnetfeld der Erde und elektrische Felder.

Pflanzenschutzmittel beeinträchtigen das Bienengedächtnis und können dazu führen, dass sie nicht mehr zurück in ihr Nest finden.

Bienen orientieren sich am Stand der Sonne, am Magnetfeld der Erde und an polarisiertem Licht

Bienentänze

Wie Du schon weißt, werden einige Sammelbienen als Kundschafter ausgesendet, um reichhaltige Futterquellen für das Bienenvolk zu finden. Um ihren Artgenossinnen im dunklen Nest zu berichten, wo sie lohnende Nahrung gefunden haben, und um sie aufzufordern, dort Nektar und Pollen zu sammeln, haben Bienen ihre eigene „Sprache“ entwickelt. Durch bestimmte „Tanzbewegungen“ auf der Bienenwabe in der Nähe des Fluglochs, dem sogenannten „Tanzboden“, teilen sie anderen Arbeiterinnen Informationen wie die Entfernung, Richtung, Menge und Qualität der Futterquelle mit. Manchmal gibt die Tänzerin auch kleine Kostproben des gefundenen Nektars ab. Je mehr Zucker darin ist, umso mehr Bienen kann sie zum Sammeln anwerben. Der Bienentanz wurde bereits von Aristoteles beschrieben, einem Universalgelehrten des alten Griechenlands. Was der Tanz zu bedeuten hat, fand jedoch erst der Biologe Karl von Frisch heraus, der im Jahr 1973 für diese Arbeit mit dem Nobelpreis ausgezeichnet wurde. Das ist der bedeutendste Preis, den man in der Wissenschaft für eine Entdeckung erhalten kann.

„Rüttel dich und schüttel dich!“

Außer dem Rund- und dem Schwänzeltanz gibt es noch sechs andere Bienentänze, zum Beispiel den „Vibrationstanz“, „Zittertanz“ und „Rütteltanz“. Bei gutem Wetter und viel Futterangebot werden mit dem Zittertanz zum Beispiel neue Stockbienen herbeigerufen, um bei der Abnahme des Nektars zu helfen und so einen „Bienenstau“ der heimkehrenden Sammlerinnen zu verhindern. Außerdem werden gleichzeitig die schwänzeltanzenden Bienen gebremst, noch mehr Sammlerinnen anzuwerben. Bei einigen Tänzen ist noch gar nicht erforscht, was die Bienen dadurch mitteilen. Spannend: Sogar verschiedene Bienen-Dialekte wurden entdeckt!

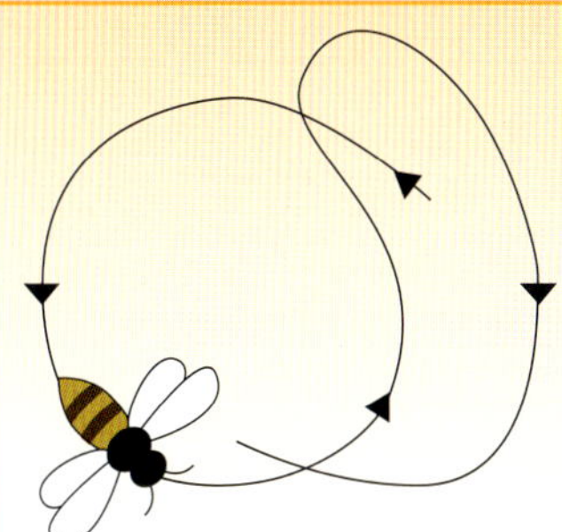

Rundtanz

Ist eine Futterquelle weniger als 100 Meter entfernt, vollführt die Biene einen „Rundtanz“. Da die Kundschafterbiene in sogenannten „Brauseflügen“ durch ihre Hinterleibsdrüse am Ort der Futterquelle einen Duftstoff in die Luft abgegeben hat, finden die anderen Sammelbienen dann leicht zum Ziel. Aber auch den Duft der besuchten Blüten, der an der Kundschafterin haftet, lernen die Folgebienen und nutzen ihn, um zur Futterstelle zu finden.

Schwänzeltanz

Ist die Futterquelle weiter weg, so tanzt die Biene einen „Schwänzeltanz“. Er vermittelt den Stockgenossinnen Richtung, Entfernung und Ergiebigkeit der Futterquelle. Dabei läuft sie ein Stück geradeaus und wackelt und vibriert mit dem Hinterleib. Dann geht sie im Halbkreis zurück und tanzt erneut. Den Bogen tanzt sie abwechselnd nach links und nach rechts, ähnlich der Zahl 8. Die Richtung der Tanzstrecke beim Schwänzeln zeigt die Richtung zur Futterquelle. Diese hängt vom Stand der Sonne ab: Auf der Wabe direkt nach oben zu tanzen, bedeutet, dass die Futterquelle direkt in Richtung Sonne liegt. Wenn sie schräg tanzt, liegt die Futterquelle genauso schräg zur Sonne. Die Entfernung des Futters wird durch die Anzahl der Tanzdurchgänge angezeigt: Sechs Schwänzelläufe in 15 Sekunden entsprechen ungefähr 500 Metern. Je langsamer die Biene tanzt, umso weiter weg oder unattraktiver ist die Futterquelle.

Die alten Ägypter verehrten die Biene. Hier siehst Du sie als Hieroglyphe, als bildliches Schriftzeichen.

Auf dieser Abbildung aus einem Buch über Wald-Bienenzucht aus dem Jahr 1774 siehst Du Zeidler bei ihrer Arbeit

Mensch und Biene: eine lange Beziehung

Schon in der Steinzeit spürten Menschen wilde Bienenvölker im Wald auf, um an deren Honig zu gelangen. Da es noch keinen Zucker gab, hatten die Menschen nur Honig als Süßungsmittel.

Bis ins späte Mittelalter war die Honigernte in Europa ein gefährlicher Beruf, und die „Zeidler", wie damals die Honigsammler genannt wurden, waren angesehene Leute. Um an die in Bäumen oder Felshöhlen lebenden Bienen zu gelangen, waren waghalsige Klettertouren nötig.

Zudem sahen sich Zeidler immer der Gefahr ausgesetzt, im Wald Bären oder Räubern zu begegnen. Daher durften sie eine Armbrust führen – das Tragen von Waffen war damals sonst nur Adligen erlaubt. Zeidler legten auch selbst künstliche Bienenhöhlen in alten Bäumen an, „Baumbeuten" genannt. Um sie zu kennzeichnen, ritzten sie mit Messern ihre persönlichen Zeidlerzeichen in den Stamm.

Verehrte Bienen

Honigbienen werden schon lange weltweit verehrt: Vor über 4 500 Jahren glaubten die Ägypter, Bienen seien aus den Tränen des Sonnengottes Re entstanden. Deshalb wurde das Zeichen „Biene" in der Schrift der Ägypter, den Hieroglyphen, auch dem Namen des jeweiligen Pharaos vorangestellt, dem Herrscher des Reiches.

Auch bei den Griechen in der Antike wurde die Biene verehrt: Angeblich wurde Zeus, ihr höchster Gott, von den Nymphen Amanthea (griechisch „die Ziege") und Melissa („die Biene") ernährt: mit Ziegenmilch und Honig. Aus Dankbarkeit verlieh Zeus der Biene die goldene Farbe und erhob sie zur Göttin.

Schon im Mittelalter gab es in Deutschland strenge Gesetze, wer beispielsweise ein ausgeschwärmtes Bienenvolk einsammeln durfte

Aufgrund der gefährlichen Arbeit im Wald fingen die Menschen an, die Baumstämme mit den Bienen an ihre Dörfer zu holen. Solche „Klotzbeuten" wurden dann auf den Höfen aufgestellt. Bald begannen sie, stattdessen Strohkörbe und Holzkisten als Bienenstöcke zu verwenden. So entwickelte sich die moderne Imkerei, und die Zeidlerei geriet zunehmend in Vergessenheit.

Weil Honig und Wachs so kostbar waren, gab es in Deutschland im Mittelalter strenge Bienengesetze: Der Raub von Honigbienen wurde mit dem Tod bestraft! Das gilt heute natürlich nicht mehr, aber viele andere Gesetze zu Bienen sind noch immer gültig und gehören zu den ältesten Gesetzen im deutschen Bundesgesetzbuch. Auch in vielen anderen Ländern gibt es solche Bienengesetze.

Diese Illustration einer Bienenhaltung stammt aus einem mittelalterlichen Buch

Der Beruf oder das Hobby des Imkerns

Imker und Imkerinnen sind mehr als „Honigdiebe" – sie tragen viel Verantwortung. Sie kümmern sich um ihre Bienen und sorgen dafür, dass sie gesund sind und genug Futter haben.

Sicher gibt es auch in Deiner Nähe eine Imkerin oder einen Imker. Vielleicht kannst Du dort bei Gelegenheit einmal in die Imkerei hineinschnuppern? Manche Imkervereine bieten auch Kurse für Kinder und Jugendliche an. Und eventuell gibt es zudem eine Möglichkeit, an Deiner Schule Bienen zu halten.

Hier bläst ein Imker mit einem sogenannten „Smoker" Rauch über ein Bienenvolk. Die Bienen glauben, der Rauch bedeute, dass es brennt. Daher geraten sie in Alarmbereitschaft und füllen ihre Honigblasen rasch mit möglichst viel Honig, den sie notfalls mitnehmen können, falls ihr Nest in den Flammen aufgeht. Jetzt sind sie beschäftigt und satt, und der Imker kann ungestört arbeiten. Ein guter Trick, oder?

Ein Schutzanzug, Schleier und Handschuhe können gegen Bienenstiche helfen, denn Bienen verteidigen ihr Nest, wenn sie sich bedroht fühlen. Besonders während der Honigernte empfiehlt sich ein Schutz, denn Bienen mögen es natürlich nicht, wenn man ihnen etwas wegnimmt.

Zuckerwasser für Honig

Weil Bienen nach der Honigernte im Spätsommer nicht mehr genügend Nektar für ausreichende Honigvorräte im Winter sammeln können, verfüttert der Imker oder die Imkerin ihnen Zuckerwasser, aus dem sie wieder neuen Honig herstellen können.

Vom Menschen genutzte Bienenprodukte

Wenn Du an Bienen denkst, fällt Dir sicher zuerst ihr Honig ein. Aber erstens ist Honig nicht gleich Honig, und zweitens verdanken wir den Bienen noch viel mehr Produkte. Welche das sind, erfährst Du hier.

Honig – das süße Gold

Bienen ernähren sich das ganze Jahr über von ihrem Honig, benötigen ihn aber besonders im Winter. Auch Menschen lieben Honig! Deutsche essen bis zu 1,2 Kilogramm pro Jahr und stehen damit an der Weltspitze. Honig wird aber nicht nur als Nahrungsmittel auf dem Frühstücksbrot oder zum Süßen von Nachtisch verwendet, sondern auch als Heil- und Schönheitsmittel in Kosmetika und Pflegemitteln. Schon die ägyptische Pharaonin Kleopatra soll mit Bädern aus Milch und Honig ihre Haut geschmeidig gehalten haben. In der Bibel wird das gelobte Land der Israeliten beschrieben als „Land, darin Honig und Milch fließt". Und auch im Koran werden in der 16. Sure die Biene und ihr Honig verehrt: „Aus ihren Leibern kommt ein Trank, mannigfach an Farbe. Darin ist Heilung für den Menschen."

Findest Du Honig auch so lecker?

Auch Met, ein süßer Honigwein, ist schon seit Jahrtausenden ein beliebtes Getränk. Da Honig mit einem hohen Wassergehalt oder an einem feuchten Ort automatisch gärt und dabei Alkohol entwickelt, glaubten die Menschen damals, er sei ein Geschenk der Götter. So hatten sie eine gute Entschuldigung für große Trinkgelage und Feiern, die dann ja „Götteropfer" waren. In den Sagen der Wikinger spielt der Met als Geschenk der „Asen" (Götter) eine große Rolle. Im Mittelalter war Met in Europa ein normales Alltagsgetränk, ähnlich wie Bier heute. Sogar Kinder bekamen manchmal Met zu trinken, da Wasser oft zu verschmutzt war.

Die Honigernte

Um Honig zu ernten, haben diese beiden Imker in Guatemala in Mittelamerika die Honigwaben aus dem Bienenstock genommen. Der Imker vorne entfernt gerade die Wachsdeckelchen über dem Honig. Durch schnelle Drehbewegungen in einer Honigschleuder (hinten) wird der Honig dann aus den offenen Waben geschleudert. Das „süße Gold“ läuft anschließend noch durch ein Sieb, in dem letzte Wachsreste und andere Verunreinigungen hängen bleiben. Jetzt ist der Honig abfüllbereit!

Sorten- und Honigtau-Honig

Je nachdem, an welchen Pflanzen Bienen Nektar und Pollen sammeln, entstehen unterschiedliche Honigsorten. Waldhonig, Blatthonig und Tannenhonig sind besonders: Um sie herzustellen, sammeln die Bienen statt Nektar zuckerhaltige Ausscheidungen von Pflanzenläusen. Diese Ausscheidungen nennt man daher auch „Honigtau“.

Hier siehst Du eine Blattlaus, die gerade einen süßen Tropfen Honigtau ausscheidet. Bienen sammeln ihn und verarbeiten ihn zum sogenannten Wald-, Blatt- oder Tannenhonig weiter.

Diese Biene sammelt Honigtau von den Blattläusen ab. Oft fällt dieser auch auf die Blätter und wird dort von den Bienen aufgeleckt. Das Sammeln muss früh am Morgen geschehen, ehe die Sonne ihn antrocknet.

Für Wachs gibt es viele Verwendungsmöglichkeiten

Im alten Rom wurde auf Wachstafeln geschrieben

Bienenwachs

Schon die antiken Griechen und Römer nutzten das Wachs der Bienen. Sie gossen es beispielsweise auf Tafeln – in das erstarrte Wachs konnte dann geschrieben werden. Auch kleine Skulpturen und Amulette stellten sie daraus her.

Bienenwachs ist bis heute ein sehr wertvoller Rohstoff. Im Mittelalter stand das kostbare Wachs nur dem Adel und der Kirche für die Herstellung von Kerzen zu. Damit konnten sie ihre Wohnstätten und Kirchen beleuchten, ohne sie durch allzu viel Ruß zu verschmutzen, wie er durch die damals üblichen Öllampen entstand. Außerdem duften Bienenwachskerzen wunderbar. So heißt es in der Feier der Osternacht in der katholischen Kirche über die Osterkerze, sie sei „aus dem köstlichen Wachs der Bienen" bereitet.

Heute wird Bienenwachs zudem in Seifen, Salben oder Lebensmitteln verwendet. So werden zum Beispiel Gummibärchen mit einer hauchdünnen Schicht Wachs überzogen, damit sie in der Tüte nicht aneinander kleben.

Bienenwachskerzen zu rollen, macht viel Spaß! Und sie duften so wunderbar ...

Propolis

Propolis stellen Bienen hauptsächlich aus Pflanzenharzen her. Es erfüllt im Bienenstock einige sehr wichtige Funktionen (siehe Seite 33). Seiner antibakteriellen Wirkung wegen nutzen manche Menschen Propolis auch in Kosmetik oder als Medizin, zum Beispiel um Entzündungen zu heilen oder nicht krank zu werden.

Aus Propolis lässt sich Medizin herstellen

Gelée royale steckt in manchen Kosmetikmitteln

Gelée royale

Auch Königinnenfuttersaft wird von Menschen in Kosmetik verwendet. Angeblich soll er die Haut jung erhalten.

Pollen

Pollen enthält eine Menge wertvoller Inhaltsstoffe, unter anderem viel Vitamin B und pflanzliches Eiweiß. Daher wird er gerne zur Nahrungsergänzung verwendet.

Bienengift

Sogar für das Gift der Honigbienen hat der Mensch eine nützliche Verwendung: Es wird eingesetzt, um entzündete Gelenke zu behandeln.

Pollen schmeckt herb-lecker und soll sehr gesund sein

Wildbienen

Wildbienen sind keine wild lebende Honigbienen, sondern andere Bienenarten. Allein in Deutschland gibt es über 550 von ihnen, in der Schweiz etwa 600 und in Österreich rund 700. Weltweit sind etwa 20 000 Bienenarten bekannt, die uns zwar keinen Honig liefern, dafür aber umso wichtiger als Bestäuber sind.

Im Frühjahr kannst Du unsere heimischen Sandbienen dabei beobachten, ...

... wie sie rasch und geschickt ihre Niströhren buddeln

Die verschiedenen Bienenarten unterscheiden sich teilweise sehr stark im Aussehen, aber auch in ihrer Lebensweise. Es gibt nur sehr wenige Bienen, die wie Honigbienen in einem Staat leben, dazu gehören zum Beispiel die Hummeln.

Dagegen bleiben die meisten Arten für sich alleine. Sie werden daher auch „Solitärbienen“ genannt, abgeleitet aus dem Lateinischen „solus“, das „allein“ bedeutet. Im Frühjahr treffen sich Weibchen und Männchen zur Paarung. Während die Männchen bald sterben, leben Weibchen etwa vier bis sechs Wochen. In dieser Zeit sorgen sie für bis zu 40 Nachkommen, indem sie Bruthöhlen mit mehreren Brutzellen bauen und diese mit Nektar, Pollen und je einem Ei befüllen. Zum Schluss verschließen sie die Höhlen. Darin schlüpfen dann die Larven, fressen die Vorräte, verpuppen sich und entwickeln sich zu erwachsenen Bienen, die im nächsten Frühjahr schlüpfen. Viele Arten überwintern als Puppen in einem sogenannten „Ruhekokon“.

Generalisten und Spezialisten

Viele Wildbienen sammeln Nektar und Pollen an ganz verschiedenen Pflanzenarten. Wir nennen solche Arten Generalisten. Aber etwa jede dritte Wildbienenart ist auf ganz wenige Pflanzenarten spezialisiert, oft sogar nur auf eine einzige Pflanzenfamilie. Wo diese Pflanzen fehlen, kommt auch die Biene nicht vor und umgekehrt. Es ist also wichtig, beide zu schützen.

Die meisten Wildbienen bauen ihre Bruthöhlen im Boden, beispielsweise in Abbruchkanten, die entstehen, wenn Erde abrutscht. Manche nagen Nistgänge in Pflanzenstängel (zum Beispiel Brombeerranken) oder in morsches Holz, einige nutzen leere Schneckenhäuser für ihr Nest. Als Nistmaterial bevorzugen sie zum Beispiel Stücke von Blüten oder Blättern, abgeschabte Pflanzenhaare, Holzfasern oder Baumharz.

Da Wildbienen meist nicht viel mehr als 100 Meter weit fliegen, müssen sie unbedingt immer beides in direkter Umgebung vorfinden: ihre speziellen Futterpflanzen und geeignete Nistmöglichkeiten. Wenn Du also Nistmöglichkeiten für sie baust, musst Du auch für passende Pflanzen sorgen.

Diese Blattschneider-Bienen fliegen ihre Niströhren in einem Bienenhotel an. Mit den mitgebrachten Blattstücken kleiden sie die Röhren aus.

Der Kuckuck unter den Bienen

So wie der Vogel Kuckuck, der seine Eier in die Nester fremder Vögel legt, gibt es auch Wildbienen, die so etwas tun. Jede dritte Wildbienenart ist eine solche Kuckucksbiene! Sie legen ihre Eier in die Brutzellen anderer Wildbienen. Die Kuckucksbienen-Larve schlüpft früher als die Wirtsbienenlarve und futtert den ganzen Pollenvorrat auf.
Hier siehst Du eine wunderschöne Kuckucksbiene aus Australien, die sich zum Schlafen an einem Zweig festgebissen hat. Kuckucksbienen erkennst Du an ihren dunklen Flügeln.

Wildbienen sind wichtige Bestäuber!

Gäbe es keine Bienen mehr, wäre unsere Speisekarte viel ärmer!

Warum Honig- und Wildbienen für den Menschen so wichtig sind

Wie Du bereits weißt, ist die wichtigste Aufgabe der Bienen nicht, Honig zu produzieren, sondern Pflanzen zu bestäuben. Dies ist nicht nur für die Natur und deren Artenvielfalt von enormer Bedeutung, sondern auch für uns Menschen. Denn: Die Früchte sehr vieler von Bienen bestäubter Pflanzen dienen uns als Nahrung. Rund 80 Prozent unserer sogenannten „Nutzpflanzen" weltweit werden von Bienen bestäubt, zum Beispiel Apfel- und Mandelbäume, Tomaten- und Kaffeepflanzen.

Ohne Bienen gäbe es keine oder viel weniger Früchte wie Kirschen, Erdbeeren, Äpfel und Birnen, dementsprechend natürlich auch keine Fruchtsäfte, Marmeladen und Fruchtjogurts daraus – vom Honig mal ganz abgesehen ...

Deren Früchte und Samen oder die Pflanzen selbst können wiederum zu zahlreichen weiteren Produkten wie Ölen, Säften oder als Zutaten anderer Lebensmittel weiterverarbeitet werden. Auch die Baumwollpflanze, aus der Baumwolle beispielsweise für Deine Jeans gewonnen wird, lässt sich von Bienen bestäuben.

In Geld umgerechnet ist die jährliche Leistung der Bienen weltweit über hundert Milliarden Euro wert!

Was Bienen mit Steaks, Milch und Tankstellen zu tun haben

Auch die menschliche Fleisch- und Milchproduktion hängt mit der Leistung von Bienen zusammen. Wichtige Futterpflanzen, beispielsweise der bei Kühen beliebte Klee, werden von ihnen bestäubt. Auch für das Rapsöl im Biodiesel, das für den Betrieb von Fahrzeugen verwendet wird, bestäuben Bienen die Blüten riesiger gelber Rapsfelder.

Bienen auf Reisen

Für ihre großen Felder oder Plantagen brauchen Landwirte und Obstbauern oft viele Bienen als Bestäuber. Schon lange fahren daher Wanderimkerinnen und -imker mit ihren Honigbienenvölkern solche Anbauflächen an und lassen die Bienen dort fliegen.

Durch unsere industrialisierte Landwirtschaft sind heutzutage aber immer mehr Honigbienen auf Reisen. Zum Beispiel zur Blütezeit der über 80 Millionen Mandelbäume in den USA werden fast 85 Prozent aller Bienenvölker aus dem ganzen Land auf riesigen Lastwagen zur Bestäubung in den Bundesstaat Kalifornien gebracht. Wie sonst nur mit Aktien an der Börse, handeln dann „Bee-Broker" mit Millionen von Völkern, ohne deren Bestäubungsleistung es keine Mandeln geben würde. Der teils lange Transport im verschlossenen Stock, die andauernde Vibration während der Fahrt und die ständig wechselnden Standorte bedeuten für die Bienen jedoch reichlich Stress. Viele Völker werden davon krank oder sterben.

Hier siehst Du einen der riesigen Lastwagen mit Bienenvölkern, wie sie in den USA verwendet werden

Ohne Bienen: Handbestäubung!

Wo Bienen wegen der Benutzung von Insektenvernichtungsmitteln oder der Zerstörung der Pflanzenwelt selten geworden sind oder dort, wo sie nicht natürlich vorkommen, etwa in Gewächshäusern, müssen Menschen die Blüten von Hand selbst bestäuben. Das ist mühsam und längst nicht so erfolgreich. Außerdem wird das natürlich nur mit Nutzpflanzen gemacht – die vielen anderen Pflanzen gehen dann leer aus und können keine Nachkommen hervorbringen.

Hier wurden Bienenstöcke in eine blühende Mandelbaum-Plantage gebracht

Bienen in Not

Seit vielen Jahren geschieht ein dramatisches Insektensterben. Davon sind auch die Bienen sehr stark betroffen. In Europa sind über die Hälfte der Bienenarten bedroht, weltweit sogar 70 Prozent, also je 70 Arten von 100!

Es gibt viele Gründe, die vermutlich gemeinsam für das Verschwinden der Bienen verantwortlich sind. Die größte Bedrohung ist der Mensch.

Industrielle Landwirtschaft

Auf großen Flächen wird heute oft nur noch eine einzige Pflanzenart angebaut. Diese sogenannten „Monokulturen“ (mono = eins) blühen nur für kurze Zeit, danach geht den Bienen das Futter aus. Bienen brauchen aber viele unterschiedliche Pflanzen, die über einen langen Zeitraum blühen. Etliche Wildbienen sind sogar komplett auf bestimmte Pflanzen spezialisiert: Gibt es sie nicht mehr, stirbt auch die Biene aus.

Chemische Pflanzenschutzmittel

Dazu kommen viele chemische Pflanzenschutzmittel, mit denen Bauern ihre Felder behandeln, um ungewünschte andere Pflanzen, Pilze und Insekten zu töten, die ihre Ernte gefährden. Bienen sind aber auch Insekten, wie Du ja weißt. Selbst wenn sie nicht sofort an den Giften sterben, so haben sie Probleme, sich zu orientieren und zum Nest zurückzufinden. So verenden sie – und mit ihnen oft auch das gesamte Bienenvolk, das verhungert, weil kein Nektar mehr nach Hause gebracht wird.

Achtung bei angeblich „nicht bienen-gefährlichen“ Pflanzenschutzmitteln: Diese werden nur darauf getestet, wie schädlich sie für Honigbienen sind. Wildbienen reagieren aber oft empfindlicher und können von Mitteln geschädigt werden, die Honigbienen keine Probleme bereiten. Am besten verwendet man überhaupt keine chemischen Gifte im Garten oder auf dem Balkon.

Ganze Bienenvölker sterben – aus verschiedenen Ursachen

Zerstörung von Lebensraum

Dazu kommt, dass der Mensch zunehmend Lebensraum der Bienen zerstört: Immer mehr einstige Wiesen, auf denen über das Jahr verschiedene Pflanzen blühten, nutzen wir für die Landwirtschaft oder bebauen sie mit Gebäuden und Straßen. Selbst unsere Gärten werden immer mehr mit Schotter oder Steinen angelegt oder mit reinem Rasen ohne Blumen.

Wenn es aber keine passenden Blütenpflanzen und keine Plätze zum Nisten gibt, können Bienen nicht überleben.

Eingeschleppte Parasiten

Der Westlichen Honigbiene macht am meisten die vom Menschen eingeschleppte Varroa-Milbe aus Asien zu schaffen. Als Parasit ernährt sie sich hauptsächlich vom Fettgewebe der erwachsenen Biene und der Bienenbrut. Außerdem überträgt sie gefährliche Viren. Ohne die chemische Milben-Behandlung durch Imkerin oder Imker kann heute fast kein Bienenvolk mehr überleben. Diese Behandlung schwächt aber natürlich auch das Bienenvolk.

Die rötlichen Varroa-Milben, wie Du sie hier auf Honigbienen siehst, sind gefährliche Schädlinge!

Ist es ein Wunder, dass die Bienen zugrunde gehen, wenn so viel Gift versprüht wird?

Extra: Werde zum Bienenretter!

Es ist eigentlich gar nicht so schwer, Bienen zu helfen. Jeder von uns kann etwas dafür tun, unsere Umwelt bienenfreundlicher zu machen – ob im Garten, auf dem Balkon, der Fensterbank oder am Straßenrand! Hier findest Du einige Vorschläge.

Es geht auch ohne Gift. So schützt beispielsweise der Duft von Lavendel Rosen vor Blattläusen.

1) Gifte verbannen

Falls Ihr bis jetzt bei Euch zu Hause chemische Pflanzenschutzmittel verwendet habt, dann bringt sie zu einer Gefahrenstoff-Sammelstelle. Ersetzt die Gifte durch naturgemäßes Gärtnern. Sogenannte Mischkulturen, also verschiedene Pflanzen nebeneinander, helfen gegen Schädlinge. Kostenlose Informationsbroschüren vom Umweltbundesamt sowie viele Bücher und Ratgeber helfen weiter.

2) Bienenfutter anpflanzen

Für Honig- und Wildbienen sind passende Blüten in der Nähe ihrer Nester besonders wichtig. Bei Naturschutzvereinen und Saatgutherstellern findest Du spezielle Wildblumen-Samenmischungen.

Für Bienen kannst Du damit eine Bienenweide anlegen. Diese darf aber nicht oft gemäht werden: am besten nur Ende September, wenn die Hauptblühzeit vorbei ist.

Solche Wiesen sind für Bienen reiche Nahrungsgründe!

Diese Pflanzen mögen nicht nur Bienen, sondern auch Schmetterlinge und andere Blütenbesucher

Für den Garten	Diese Pflanzen kannst Du auch auf einem Balkon oder einer Terrasse gut anpflanzen und bietest Bienen von Februar bis Oktober Futter (in den Klammern siehst Du, wann sie jeweils blühen).
• Obstbäume wie Apfel, Kirsche, Birne • Weiden • Berg- und Spitzahorn • (Obst-)Sträucher wie Johannisbeere, Stachelbeere, Himbeere, Weißdorn, Geißblatt • Stauden wie Malven, Steinkraut, Schafgarbe oder Sonnenhut • Alle Rosen mit nicht gefüllten Blüten, zum Beispiel Heckenrose, Hundsrose • Efeu oder wilde Weinrebe (noch spät im Herbst wichtiges Bienenfutter!) • Wildblumenwiesen mit Zaunwicken, Wiesensalbei, Klatschmohn, Hornklee, Kornblumen, Löwenzahn, Glockenblume, Felsennelke, Färberkamille, Natternkopf, Leinkraut, Goldrute, Königskerze usw.	• Wildkrokus (Februar bis März) • Schlüsselblume (März bis Juni) • Thymian (Mai bis September) • Mauerpfeffer (Juni bis August) • Pfefferminze (Juni bis August) • Majoran (Juni bis September) • Kamille (Juni bis September) • Sonnenblume (Juli bis September) • Oregano (Juli bis September) • Kapuzinerkresse (Juli bis Oktober) • Lavendel (Juni bis August) • Efeu (September bis erster Frost)

Falls Ihr auf Rasen nicht verzichten wollt, so legt Wildblumen-Inseln an oder pflanzt blühende Hecken. Auch Blumentöpfe und Balkonkästen könnt Ihr bienenfreundlich bepflanzen. Am besten wählst Du Pflanzen, die von Februar bis Oktober blühen, so finden Bienen immer genügend Futter.

Schau Dich um: Wo können in Deiner Stadt oder Deinem Dorf noch bienenfreundliche Pflanzen wachsen? Hinterhöfe, Baumscheiben oder selbst kleine Flächen bei Parkplätzen oder Verkehrsinseln können wichtige Futterinseln für Wildbienen sein, die alle nicht weit fliegen können. Heimlich zu säen oder zu pflanzen, ist aber oft verboten, lieber fragst vorher Du nach.

Beispielsweise Rote Mauerbienen nehmen Bienenhotels dankbar an!

3) Lebensraum schaffen

Überlege gemeinsam mit Deinen Eltern oder Freunden, wo Ihr welche Bienen-Nisthilfen anbringen könnt. Nisthilfen wie die „Bienendose“ (siehe Seite 59) oder Bohrlöcher in Holz werden von Bienen genutzt, die in dünnen, langen Hohlräumen brüten, zum Beispiel in ehemaligen Fraßgängen von Käfern. Abgestorbene markhaltige Pflanzenstängel, beispielsweise von Brombeere oder Königskerze, können abgebrochen und in 30 bis 50 Zentimeter langen Stücken aufrecht am Balkongeländer oder Gartenzaun befestigt werden. Sogar mitten in der Stadt werden sie von Bienen entdeckt!

Sieben von zehn Wildbienenarten legen ihre Nester im Boden an. Freie Bodenflächen im Garten helfen ihnen, oder Du kannst ihnen mit einer Mischung aus Sand, Lehm und Erde (zu gleichen Teilen) in einem Tontopf (mit Abflussloch, mindestens 30 Zentimeter breit und 30 Zentimeter hoch, unten eine Schicht Kiesel) eine gute Nistmöglichkeit bieten. Mit Steinen und langsam wachsenden Pflanzen wie Mauerpfeffer kannst Du den Topf dekorieren. Wichtig ist aber, dass viel Boden frei bleibt.

Alle Nisthilfen sollten möglichst sonnig, wind- und regengeschützt aufgehängt werden. Sie sollten nicht hin- und herschaukeln. Verwende nur natürliche Materialien: Wildbienen nisten zwar auch in Plastikstrohhalmen, aber weil darin kein Luftaustausch möglich ist, verschimmelt ihre Brut oder wird von Pilzen befallen. Nisthilfen müssen übrigens vor dem neuen Brutjahr nicht gereinigt werden, das machen die Bienen selbst.

Achtung: Viele Nisthilfen, die man zum Beispiel im Baumarkt kaufen kann, sind für Bienen und andere Insekten nicht zu gebrauchen, da sie falsches Material verwenden oder ausgefranste Bohrlöcher oder Röhrchen haben. Hier würden Bienen ihre Flügel zerstören und ziehen daher erst gar nicht ein.

Nisthilfen selber bauen

• Bienendose

Du brauchst: Leere Konservendosen, Naturstrohalme, Schilfhalme, Bambusstäbe oder Pappröhrchen mit 3 bis 9 Millimeter innerem Durchmesser, etwas Gips und Wasser zum Anrühren.

So geht's: Schneide alle Strohhalme und Pappröhrchen oder säge die Bambusstäbe auf die richtige Länge zu. Sie sollten ungefähr mindestens einen Zentimeter kürzer sein als die Dose. Achte bei Bambus darauf, dass Du hinter den Verdickungen sägst. Diese bilden dann das hintere Ende, das verschlossen bleibt.
Fülle unten in die Dose eine Schicht Gips. Dann steckst Du die Halme, Röhrchen oder Bambusstäbe dicht an dicht hinein. Drücke sie gut an den Dosenboden, damit sie vom Gips gehalten werden. Vielleicht musst Du einige der Röhren noch einmal mit einem Pfeifenputzer von Spelzen oder Ähnlichem befreien, damit sich die Bienen nicht ihre Flügel daran verletzten. Wenn Du die Dosenöffnung danach auch noch mit etwas Hasendraht abdeckst, können Vögel die Röhrchen nicht herausziehen – denn es wäre für sie ein leckerer Snack. Schon in einer kleinen Konservendose können sich bis zu 1 000 Wildbienen entwickeln!

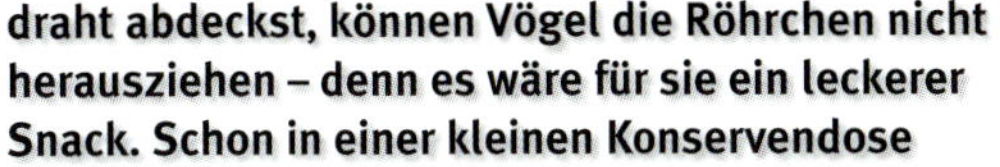

Eine fertige Bienendose, die gerade noch mit einem Pfeifenputzer gereinigt wird

Zwei voll besetzte Bienendosen im Einsatz

Hier siehst Du ein großes „Wildbienen-Haus“ mit vielen Nistmöglichkeiten für Wildbienen, die in Hohlräumen und im Boden brüten

• Nisthilfe aus Holz

Du brauchst: Ein bis zwei Jahre alte, abgelagerte und trockene Hartholzstücke (oft als Abfall beim Schreiner zu haben), Bohrmaschine, Bohrer mit 2, 4, 6 und 9 Millimetern, Pfeifenreiniger oder Düsenbürstchen, feinkörniges Schleifpapier, Nagel. Achtung: Kein Nadelholz (Harzbildung!) oder behandeltes Holz verwenden! Es eignet sich Holz von: Esche, Birke, Ahorn, Eiche, Obstbäumen, Buche.

So geht's: Bohre mit der Bohrmaschine verschieden große Gänge in den Holzblock. Lass Dir dabei aber unbedingt von einem Erwachsenen helfen!
Achtung: Die Gänge dürfen nicht zu lang oder zu kurz sein. Eine Tiefe von acht bis zehn Zentimetern ist gut geeignet. Das ist meist die Länge des Standardbohrers – am besten vorher ausmessen. Löcher nicht zu gleichmäßig und zu dicht bohren! Nach dem Bohren die Bohrspäne durch Umdrehen und Klopfen entfernen. Danach ist noch wichtig, die Gänge mit Pfeifenreinigern, Düsenbürstchen oder mit einem langen Nagel, der mit feinkörnigem Schleifpapier umwickelt ist, zu glätten, damit keine Flügel verletzt werden.
Jetzt kannst Du im Frühling und Sommer beobachten, wie Wildbienenweibchen ihre Nester in die Röhrchen oder Bohrlöcher bauen. Belegte Nisthöhlen erkennst Du daran, dass sie vorne verschlossen sind.

So wird richtig gebohrt. Auf keinen Fall ins Stirnholz (in die Jahresringe) bohren!

Wenn Ihr eine solche „Schaubeute“ an Eurer Schule aufstellt, könnt Ihr in ein Bienenvolk hineinspähen. Sehr spannend!

Im Projekt „Bee.Ed“ sowie an vielen Schulen und Lehrbienenständen kannst Du selbst das Imkern lernen und eigenen Honig ernten

4) Zum Nachmachen anstiften

Berichte anderen, warum Bienen so wichtig und dass sie in Not sind. Erzähle ihnen, was sie tun können, um Bienen zu schützen und ihnen zu helfen. Vielleicht gründest Du auch einen Bienenschützer-Club. Zusammen könnt Ihr anderen helfen, einen bienenfreundlichen Garten anzulegen oder Nisthilfen zu bauen.

Vielleicht könnt Ihr ja auch an Eurer Schule Bienenvölker halten. Gemeinsam mit dem Biologielehrer oder der Biologielehrerin und einem erfahrenen Imker beziehungsweise einer Imkerin könnt Ihr die Bienen versorgen und Euren eigenen leckeren Honig ernten. Oder Ihr bringt Nisthilfen an und pflanzt auf dem Schulhof oder Schulgarten bienenfreundlichen Pflanzen.

Honig solltest Du am besten vor Ort aus Deiner Region kaufen

Regionaler Honig trägt dazu bei, dass die Artenvielfalt erhalten bleibt

5) Die Nachfrage bestimmt das Angebot: bienenfreundlich einkaufen

Mit dem Kauf ökologisch produzierter Lebensmittel, bei denen gar keine oder wenig Pflanzenschutz- oder andere umweltschädliche Mittel verwendet werden, kannst Du indirekt dabei helfen, dass Felder und Landschaften bienenfreundlicher angelegt und behandelt werden.

Wenn Du Honig von Imkern der Region kaufst, deren Bienen Blüten in Deiner Umgebung bestäuben, trägst Du dazu bei, dass der Artenreichtum an Blühpflanzen bei Dir vor Ort erhalten bleibt. Denn: Honig aus anderen Ländern kann man einführen, Bestäubungsleistung der Bienen nicht!

Warum man Bienen nicht mit Honig füttern sollte

Manche Menschen glauben, sie helfen Bienen, wenn sie die Tiere mit Honig füttern. Das ist aber sehr gefährlich, denn fremder Honig könnte Krankheitserreger wie Viren und Bakterien enthalten! Daher sollten Bienen keinen anderen Honig fressen als den ihres eigenen Volkes.

Großes Bienen-Quiz

Du weißt jetzt sehr viel über Honig- und Wildbienen! Wenn Du Lust hast, kannst Du einmal ausprobieren, was Du Dir alles gemerkt hast.
Kreuze bei jeder Frage eine oder mehrere Antworten mit dem Bleistift an und schau am Schluss auf Seite 64 nach, ob Du richtig getippt hast. Und nun viel Spaß!

1. Was ist die wichtigste Leistung von Honig- und Wildbienen für Natur und Mensch?

a) Sie stellen Honig her .... ❍
b) Sie bestäuben Blüten .... ❍
c) Sie produzieren Wachs .... ❍

2. Aus wie vielen Einzelaugen setzt sich ein Facettenauge der Honigbiene zusammen?

a) mehr als 30 .... ❍
b) mehr als 300 .... ❍
c) mehr als 3 000 .... ❍

3. Wie nehmen Honigbienen Blüten wahr, die für Dich rot aussehen?

a) rot .... ❍
b) orange .... ❍
c) schwarz .... ❍

4. Was besitzen viele Bienen an ihren Hinterbeinen, um Pollen leichter transportieren zu können?

a) ein Körbchen .... ❍
b) eine Tasche .... ❍
c) einen Beutel .... ❍

5. Was ist Honigtau?

a) die zuckerhaltigen Ausscheidungen von Blattläusen .... ❍
b) eine Wasserschicht auf den Honigwaben .... ❍
c) eine seltene Honigsorte .... ❍

6. Warum ist eine bunte Blumenwiese mit verschiedenen, heimischen Pflanzenarten für Bienen so wichtig?

a) Bienen können sich dort gut verstecken .... ❍
b) Bienen finden dort ausreichend Nahrung .... ❍
c) Bienen führen dort ihre Bienentänze auf .... ❍

7. Wie groß ist die Last, die eine Arbeiterin an Nektar und Pollen tragen kann?

a) Ein Drittel ihres eigenen Gewichts ..... ❍
b) Rund die Hälfte ihres eigenen Gewichts .... ❍
c) Genauso viel wie ihr eigenes Gewicht ❍

8. Wie viel wiegt eine Honigbienen-Arbeiterin im Durchschnitt?

a) 0,1 Gramm .... ❍
b) 10 Gramm .... ❍
c) 100 Gramm .... ❍

9. Im Sommer leben in einem Bienenvolk etwa ...

a) ... 200 bis 400 Bienen .... ❍
b) ... 10 000 bis 15 000 Bienen .... ❍
c) ... 30 000 bis 80 000 Bienen .... ❍

10. Welches der drei Bienenwesen wird lebenslang mit Gelée royale ernährt?
a) Der Drohn ❍
b) Die Arbeiterin ❍
c) Die Königin ❍

11. Welches der drei Bienenwesen kann stechen?
a) Der Drohn ❍
b) Die Arbeiterin ❍
c) Die Königin ❍

12. Zu Beginn der Entwicklung nennt man das Ei einer Biene auch ...
a) ... Stiftchen ❍
b) ... Röhrchen ❍
c) ... Kügelchen ❍

13. Wie kommunizieren Bienen untereinander?
a) Rundtanz ❍
b) Schwänzeltanz ❍
c) Duftstoffe ❍

14. Welche Art sehr effektiver Bestäubung führen Hummeln durch?
a) Rotationsbestäubung ❍
b) Vibrationsbestäubung ❍
c) Muskelbestäubung ❍

15. Wie viele Bienenarten sind weltweit in Gefahr?
a) 30 von je 100 (30 Prozent, also weniger als die Hälfte) ❍
b) 50 von je 100 (50 Prozent, also die Hälfte) ❍
c) 70 von je 100 (70 Prozent, also mehr als die Hälfte) ❍

16. Wie werden alleine lebende Bienenarten genannt?
a) Solitärbienen ❍
b) Single-Bienen ❍
c) Einsam-Bienen ❍

17. Bienen, aber auch ihre nächsten Verwandten, die Wespen und Ameisen, zählen zu den ...
a) ... Fliegen ❍
b) ... Hummeln ❍
c) ... Hautflüglern ❍

18. Die einzelnen Zellen einer Bienenwabe sind ...
a) ... dreieckig ❍
b) ... fünfeckig ❍
c) ... sechseckig ❍

19. Wie viele Eier legt die Königin eines Honigbienenvolks jeden Tag?
a) Bis zu 20 ❍
b) Bis zu 200 ❍
c) Bis zu 2 000 ❍

20. Was kannst Du tun, um Wildbienen und Honigbienen zu helfen?
a) Gifte aus dem Garten verbannen ❍
b) Lebensräume schaffen und Futterpflanzen anbieten ❍
c) Nisthilfen anbieten ❍

Lösungen zum Bienen-Quiz:

1) b: Der Mensch nutzt zwar auch Honig und Wachs, aber am wichtigsten ist, dass Honig- und Wildbienen Pflanzen bestäuben.

2) c: Eine Honigbienenkönigin besitzt 3 500 Einzelaugen pro Facettenauge, Arbeiterinnen 4 500 und Drohnen bis zu 7 500.

3) c: Eine Blüte, die Dir rot erscheint, nimmt die Biene als schwarz wahr.

4) a: Viele Bienen sammeln Pollen in einer Vertiefung des Hinterbeins, die „Körbchen" genannt wird.

5) a: Als Honigtau werden zuckerhaltige Ausscheidungen vor allem von Blattläusen bezeichnet. Bienen machen daraus zum Beispiel Waldhonig.

6) b: Bienen brauchen reichlich verschiedene Blütenpflanzen, um dort ihre Nahrung zu finden.

7) b: Eine Arbeitern vermag etwa die Hälfte ihres eigenen Gewichts zu tragen.

8) a: Eine Arbeiterin wiegt nur rund 0,1 Gramm!

9) c: Im Sommer leben rund 30 000 bis 80 000 Honigbienen in einem Stock.

10) c: Nur die Königin erhält als Futter ausschließlich Gelée royale.

11) b und c: Arbeiterinnen und die Königin können stechen.

12) a: Zu Beginn heißt das Ei der Honigbiene auch Stiftchen.

13) a, b und c: Bienen verständigen sich durch verschiedene Tänze und durch Duftstoffe.

14) b: Hummeln zeichnen sich durch die sehr effektive Vibrationsbestäubung aus.

15) c: Weltweit sind 70 Prozent der Bienen in Gefahr, also 70 von je 100 – mehr als die Hälfte!

16) a: Nicht im Staat, sondern alleine lebende Bienenarten heißen Solitärbienen

17) c: Bienen, Wespen und Ameisen zählen zur Ordnung der Hautflügler.

18) c: Die Zellen einer Wabe sind perfekte Sechsecke.

19) c: Jeden Tag legt eine Bienenkönigin bis zu 2 000 Eier.

20) a, b und c: Um Bienen zu helfen, sollten in Eurem Garten Gifte tabu sein. Ihr solltet ihnen Lebensräume mit Futterpflanzen und Nisthilfen anbieten.

Entdecke die Reihe mit der Eule!

Entdecke die Eulen

Entdecke die Greifvögel

Entdecke die Geier

Entdecke die Rabenvögel

Entdecke die Spechte

Entdecke die Finken

Entdecke die Spatzen

Entdecke die Eisvögel

Entdecke die Zugvögel

Entdecke die Singvögel

Entdecke die Meisen

Entdecke die Kraniche

Entdecke die Störche

Entdecke Schwäne, Gänse & Enten

Entdecke die Möwen

Entdecke die Pinguine

Entdecke die Papageien

Entdecke die Kolibris

Entdecke die Fledermäuse

Entdecke die Hunde

Entdecke die Kühe

Entdecke die Pferde

Entdecke die Esel

Entdecke die Nagetiere

Entdecke die Igel

Entdecke die Waschbären

Entdecke die Biber

Entdecke die Otter

Entdecke heimische Wildtiere

Entdecke die Wölfe

Entdecke die Bären

Entdecke die Tiger

Entdecke die Menschenaffen

Entdecke Affen und Lemuren

Entdecke die Pandas

Entdecke die Elefanten

Entdecke die Nashörner

Entdecke die Erdmännchen

Entdecke die Beuteltiere

Natur und Tier - Verlag GmbH
An der Kleimannbrücke 39/41 · 48157 Münster
Telefon: 0251 - 13339-0 · Fax: 0251 - 13339-33
E-Mail: verlag@ms-verlag.de · www.ms-verlag.de